Planet der Wälder

Die grünen Paradiese der Erde

Ein Buch von GREENPEACE

Planet der Wälder

Die grünen Paradiese der Erde

Ein Buch von GREENPEACE

Fotografie: Markus Mauthe

Text: Thomas Henningsen

Mit einem Vorwort von
Rüdiger Nehberg
und Gastbeiträgen von
Pauliina Feodoroff,
Samuel Nguiffo
& Qwatsinas

BUCHER

INHALT

Vorwort

Das Buch »Planet der Wälder« ist ein wichtiges Zeitdokument und ein Appell an die Vernunft und Verantwortung der Menschheit. Wenn man die aktuelle UN-Klimastudie und die Prognosen für die nächsten Millisekunden der Erdgeschichte verfolgt, kann einem Angst und Bange um den Fortbestand der Welt werden.

Schon unsere Kinder werden manche Pflanzen- und Tierart nur noch von Fotos kennen. Ich war in der glücklichen Lage, immer wieder viele Monate einen noch intakten Regenwald erleben zu dürfen, sowohl allein als auch gemeinsam mit traditionell lebenden Indianern (den Yanomami und Waiapí in Brasilien). Ich kenne den Wald fast wie ein Einheimischer und seine fantastische Vielfalt flößt mir Ehrfurcht und Bewunderung für die Genialität der Schöpfung ein.

Deshalb habe ich mir zum 70. Geburtstag den lang gehegten Traum erfüllt und mich von einem Hubschrauber nackt in dem gigantischen Biotop Nordbrasiliens aussetzen lassen – mutterseelenallein, ohne Ausrüstung. Alles, was ich brauchte, hat mir die Natur geliefert. Werkzeug und Waffe, Nahrung und Medizin, Fahrzeug und einen begehbaren Weg (siehe dazu »Abenteuer Urwald«, Piper Verlag). Auf Schritt und Tritt habe ich die unermessliche Vielfalt genossen, das grandiose Mosaik all dessen, das da miteinander verwoben ist und ums Überleben kämpft. Miteinander, gegeneinander. Jeder Millimeter etwas Neues, Unvergleichliches.

Konfrontiert mit dieser imposanten Macht, wird man plötzlich ganz klein. Man sieht sich nicht mehr als Krone dieser Schöpfung, sondern nur noch als winziges entbehrliches Teilchen in einem unfassbaren Gefüge, das vom Humus unter den Füßen bis in die Unendlichkeit des Weltalls

reicht. Jeder Atemzug, jeder Schritt, jeder Blick lässt einen das spüren. Man empfindet einen maßlosen Respekt und tiefste Demut vor der Schöpfung, vor dem Kosmos, der sich jahrmilliardenlang aufeinander eingeschliffen hat und dem man sich nicht entziehen kann. Genoss ich eben noch die schmackhaften Larven in den Nüssen der Stachelpalmen, so revanchierten sich prompt die Dasselfliegen.

Sie legten ihre Eier unbemerkt in meine frischen Hautrisse und ihre Larven begannen, sich von mir zu ernähren. Das kostete sie notgedrungen ihr junges Leben. Ich habe sie herausgedrückt, aufgegessen und mir die geraubte Substanz auf diese Weise wieder geholt. Survival pur.

Nicht nur die mannigfaltigen Begegnungen mit Insekten haben mich fasziniert, sondern auch die mit Jaguaren, Schlangen, Pekaris, Piranhas und Elektrofischen. Da ich ihre Verhaltensweisen aber ausgiebig studiert hatte, wurden solche Momente nie zum Horrortrip, sondern immer zu einem beglückenden, unvergesslichen Erlebnis. Für mich war der Urwald berechenbar. Er war Freund und Partner.

Das einzig Unberechenbare blieb der Mensch. Ich habe den Bürgerkrieg der 65000 bewaffneten Goldsucher gegen die 20000 Yanomami in Nordbrasilien als Augenzeuge miterlebt und die Verbrechen in Büchern und Filmen dokumentiert, um Hilfe zu mobilisieren. Ich habe mich mit einem Freund als Goldsucher verdingt. Er hat mit versteckter Kamera die brutale Zerstörung des Waldes und des indianischen Lebens sowie die Missachtung und Verhöhnung der brasilianischen Verfassung dokumentiert. Wenn Indianer am Waldesrand sahen, wie Eindringlinge ihren Wald mit Bulldozern beiseiteschoben, waren sie fassungslos.
»Der weiße Mann zieht seiner eigenen Mutter Erde, die ihn immer ernährt hat, bei lebendigem Leib die Haut vom Körper.« Das kann man nicht besser ausdrücken.

Den so entstandenen Film »Goldrausch in Amazonien« (von Wolfgang Brög) haben wir vor der UNO und Weltbank gezeigt. Er lief im ZDF zur besten Sendezeit und Greenpeace hat tausend Kopien an TV-Redaktionen in aller Welt verteilt. So wurde das Unrecht bekannt und die proindianische Lobby immer größer. Um die weiter bestehende Bedrohung im Gespräch zu halten, bin ich dreimal auf aberwitzigen und scheinbar ungeeigneten Fahrzeugen über den Atlantik gefahren: per Tretboot, Bambusfloß und auf einem Baumstamm. Mein Appell an Brasiliens Staatsführung stand dabei unübersehbar (auf Englisch und Portugiesisch) auf der Schutzhütte oder den großen Segeln:

Fünfhundert Jahre Brasilien.
Tausende von Jahren eingeborener Kulturen.
Millionen von Jahren Regenwald Amazonien.
Zeit, zu handeln!
Beschützt die eingeborenen Völker!
Respektiert ihre Landrechte!
Erhaltet den Regenwald.
Denn nur Vielfalt ist die Garantie
für eine lebenswerte Zukunft.

Schließlich war ich sogar beim Papst, weil über neunzig Prozent der Brasilianer Katholiken sind. Das alles unternahm ich in der Hoffnung, dieses Verbrechen bekannt zu machen und den Yanomami das in der Verfassung verbriefte Recht auf Unantastbarkeit ihres Waldes zu sichern. Dennoch dauerte es zwanzig Jahre, ehe sie 2000 einen akzeptablen

Vorwort

Frieden erhielten. Leider nicht aus Verfassungstreue und Überzeugung, sondern auf internationalen Druck hin. Bis dahin waren Geduld und Fantasie gefragt. Doch davon hatte ich reichlich. Mein Glück: Niederlagen haben mich nie deprimiert, sondern wütend, kreativ und stark gemacht.

Infolge des Nachrichtenwertes meiner Aktionen gewann ich problemlos das Interesse der Medien. Wir gingen daher eine Symbiose ein. Sie wurden meine stärkste Waffe.

Dieses Buch ist eine ähnliche Waffe. Allen »Aktivisten für Menschenrechte« will es nicht in den Kopf, dass man für derart selbstverständliche und existenzielle Dinge überhaupt kämpfen muss. Und das, obwohl der Mensch die höchstmögliche Intelligenz aller Lebewesen besitzt. Sein Selbsterhaltungstrieb müsste ihn warnen. Doch ausgeprägter sind seine Rücksichtslosigkeit und Habgier. Die Ignoranz solcher Staaten wie USA und China gegenüber der UN-Klimastudie sind der erschreckendste Beweis dafür. Dass sogar Saudi-Arabien in diesem Chor mitsingt, ist noch verständlich. Woher will man dort wissen, wie Wälder überhaupt aussehen?

Die Arroganz und Ignoranz gegenüber Naturgesetzen wird der Menschheit vielleicht einmal das Genick brechen. Wenn sie nicht konsequent reagiert, werden ihr Katastrophen die dringend erforderlichen Entscheidungen abnehmen. Die Erde wird uns beweisen, dass sie auch ohne uns weiterexistieren kann.

Das vorliegende Buch »Planet der Wälder« empfinde ich als wertvollen Beitrag für die notwendige Bewusstseinsbildung und den Umdenkprozess, damit auch unseren Kindern die Erde lebenswert bleibt.

Ich wünsche dem Werk allen Erfolg.

Achtung: Heute beginnt der Rest des Lebens!

Rüdiger Nehberg

Aktivist für Menschenrechte
Gründer der Menschenrechtsorganisation TARGET und der Pro-Islamischen Allianz gegen Weibliche Genitalverstümmelung
www.target-human-rights.com

Einleitung

Vom Weltall aus gesehen wirkt die Erde wie ein blauer Planet. Immerhin sind zwei Drittel der Erdoberfläche von Wasser bedeckt. Doch in Wirklichkeit ist der Planet, auf dem wir leben, sowohl ein blauer als auch ein grüner, denn der größte Teil der Landoberfläche ist von Wäldern bewachsen.

Und genau wie die Meere sind die Wälder von entscheidender Bedeutung für das Leben auf der Erde. Sie sind Lebensraum der meisten bekannten Tier- und Pflanzenarten und immer noch spirituelle Heimat, Nahrungsgrundlage und Zuhause Hunderter indigener Volksstämme. Die wenigen heute verbliebenen Urwaldgebiete haben eine wichtige Funktion bei der Stabilisierung des Klimahaushaltes der Erde inne und spielen als gigantische Sauerstoffproduzenten eine herausragende Rolle als »grüne Lunge« unseres Planeten. Doch gerade das Grün unseres Planeten hat sich in den letzten Jahrhunderten durch menschlichen Einfluss stark verändert.

Von Amazonien bis Sibirien, von Kanada bis Indonesien werden die Schatzkammern der Erde in einer atemberaubenden Schnelligkeit geplündert. Heute ist der allergrößte Teil der ursprünglichen Waldgebiete bereits zerstört – abgeholzt, um den Bau von Straßen und Städten zu ermöglichen, verbrannt für die landwirtschaftliche Nutzung, auf der Suche nach Öl und Erzen vernichtet oder umgewandelt zu sterilen Plantagen für die Papier-, Holz- und in jüngster Zeit auch für die Agrarölindustrie.

Auf der ganzen Erde gibt es nur noch sieben große Urwaldregionen, rund achtzig Prozent aller Urwälder sind bereits stark zerstört oder gar ganz verschwunden. Wenn wir der weiteren Vernichtung keinen Einhalt gebieten, werden auch die meisten der letzten Urwälder der Erde in wenigen Jahrzehnten für immer verloren sein. Die zu erwartenden Konsequenzen für das Leben auf der Erde sind katastrophal – und weit mehr als nur der Verlust der Farbe Grün. Deshalb ist für Greenpeace der Kampf um den Erhalt der letzten Urwälder der Erde seit vielen Jahren einer der weltweiten Schwerpunkte.

Im Frühjahr 2002 meldete sich ein Fotograf, berührt und aufgerüttelt von dem Artikel in unserem »Greenpeace Magazin« über den dramatischen Zustand der weltweiten Urwaldgebiete. Er bot an, seine Zeit, Erfahrung und Fähigkeiten zur Verfügung zu stellen, um einen – seinen – Beitrag für den Erhalt der letzten Urwälder zu leisten. Dieser Fotograf ist Markus Mauthe. Er ließ nicht locker, bis wir uns ernsthaft mit seinem Angebot beschäftigt haben. Einige Jahre sind seit unserem ersten Treffen vergangen, und seine Fotos sind inzwischen ein fester Bestandteil unserer Kampagnenarbeit zum Schutz der Wälder. Markus ist für uns mit seiner Kamera in die letzten sieben großen Urwaldregionen gereist und hat dabei unglaubliche Anstrengungen und Strapazen auf sich genommen. Oft war er allein viele Wochen lang in den Wäldern verschwunden und hat schließlich faszinierende Bilder und Geschichten daraus mitgebracht. Ich bin sicher, dass seine Anstrengungen nicht umsonst waren. Mit unserer Multivisionsshow über die letzten Urwaldregionen hat Markus bereits Zehntausende Menschen erreicht. Das vorliegende Buch wird hoffentlich Sie und Tausende weitere Leser für diese einzigartigen Lebensräume und deren Schutz begeistern.

Während Sie dieses Buch durchblättern, fällt alle zwei Sekunden Urwald in der Größe eines Fußballfeldes den Kettensägen oder den Flammen zum Opfer. Doch unsere Erde muss auch ein Planet der Wälder bleiben. Noch ist es nicht zu spät, die verbliebenen Urwaldgebiete zu retten.

Die Bergwälder Patagoniens

Karge Felslandschaften, weite Grassteppen und ein starker, ständig wehender Wind, so ist wohl die allgemeine Vorstellung von Patagonien, und sie entspricht in weiten Teilen auch der Wirklichkeit. Aber dieses Patagonien liegt östlich der Anden. Westlich des Gebirges, in den Anden selbst und in deren Ausläufern befinden sich Waldgebiete, wie sie einmaliger nicht sein könnten.

Ähnlich wie an der Westküste Nordamerikas entstand auch an der Westküste Südamerikas in Patagonien ein Regenwald. In den bergigen Regionen, die von den vorherrschenden Westwinden immer wieder mit Regenwasser versorgt werden, wachsen diese einzigartigen Regenwälder. Ganz ähnlich in der Entstehung, aber doch ganz anders in ihrer Art als die im Norden Amerikas. Gegenüber den Wäldern der Riesenbäume in Kanada und Alaska wirken die Wälder Patagoniens fast schon zierlich. Doch sie sind nicht weniger imposant. Hier sind es nur nicht die unglaublichen Baumriesen, die die Blicke fesseln, sondern eher die Details. Flechtenknäuel hängen wie endlose Bärte von den Zweigen der Südbuchen und vermitteln dem Besucher das Gefühl, sich in einem verwunschenen Zauberwald zu befinden. Moospolster bedecken den Waldboden mitsamt den vielen umgestürzten Bäumen. Sie sind so dicht und mächtig, dass Waldbewohner und Besucher bis zu den Knien in ihnen versinken könnten. Alles wirkt wie eine perfekte Kulisse für Zwergen- und Märchengeschichten. In den höheren Lagen säumen Araukarienwälder die Berghänge. Araukarien, die auch Schuppen- oder Andentannen genannt werden, gehören zu einer rund fünfzig Millionen Jahre alten und damit einer der ältesten Baumfamilien der Erde. Mit ihren zugespitzen, schuppenförmigen und scharfkantigen Blättern, die oft spiralig und sich

gegenseitig überlappend an den Ästen angeordnet sind, wirken die bis zu fünfzig Meter hohen Bäume wie ein Relikt aus uralten Zeiten der Erdgeschichte.

Und noch etwas ganz Besonders gibt es im Land nördlich von Feuerland – Wälder in unmittelbarer Nähe von Gletschern, wie die am Perito-Moreno-Gletscher. Auch hier scheint die Kulisse perfekt, wenn die Sonne die strahlendblaue Farbe des Gletschereises und das saftige Grün der Wälder zum Leuchten bringt.

In den Wäldern der Anden lebt das Nationaltier der Chilenen, der Huelmul oder Andenhirsch. Zwei Arten gibt es von dem kleinen Hirsch, den Südandenhirsch und den Nordandenhirsch. Die Tiere, die eher unscheinbar wirken, wurden einst als Mischwesen zwischen Kamel und Pferd angesehen. Sie werden nur 45 bis 65 Kilogramm schwer und können eine Schulterhöhe von maximal 90 Zentimetern erreichen. Die nördliche Huelmul-Art kommt meist in höheren Abschnitten der Gebirge vor und ist schon weit oberhalb der Baumgrenze bis 5000 Meter Höhe beobachtet worden.

Weiter unten in den Tälern haben inzwischen viele Biber ihr Zuhause. Die von der Nordhalbkugel stammenden Tiere wurden einst hier ausgesetzt und sollten den Siedlern und Farmern ein zusätzliches Einkommen durch den Handel mit ihren Pelzen bescheren. Biber sind neben den Menschen die einzigen Lebewesen, die ganze Landschaften aktiv verändern können. Und genau dies haben die nachtaktiven Nager auch getan, denn auch hier in Patagonien wenden sie natürlich ihre Staudammtechnik mit den dazugehörigen nächtlichen Baumfällaktionen an.

Wiederum meist in den höheren Lagen leben die Vikunjas. Sie gehören zur Familie der Kamele, sind hellbraun, rund 50 Kilogramm schwer und bis zu einen Meter groß. Wegen ihrer weichen Wolle standen die Vikunjas schon bei den Inkas hoch im

Kurs. Diese haben sie jedoch nicht getötet, um an ihr Fell zu gelangen, sondern jedes Jahr nur einige tausend Tiere eingefangen, geschoren und wieder freigelassen. Die unglaublich weiche Wolle der Vikunjas gilt heute als die teuerste Wolle der Erde. Fast aber wären die kleinen »Bergkamele« ausgestorben. Denn die spanischen Eroberer erschossen die Tiere lieber, um ihre Felle zu erhalten. Heute leben wieder um die 200000 Tiere in Patagonien. Weiter südlich lebt ein naher Verwandter der Vikunjas, die Guanacos. Sie steigen im Winter von den Bergen ab, um die kalte Jahreszeit in den Wäldern zu verbringen.

Die Zauberwälder Patagoniens hätten beinahe das gleiche Schicksal erlitten wie die Vikunjas. Sobald die Papierindustrie den Wert der Wälder entdeckt hatte, wurden in riesigen Gebieten sämtliche Bäume einfach zu Holzschnitzeln zerhackt, um dann als billiger Rohstoff für die Herstellung von Papierprodukten zu enden. Wiederaufforstungen wurden und werden fatalerweise immer noch mit nicht heimischen Eukalyptusarten durchgeführt. Nur weil sie schneller wachsen und so wieder schneller geerntet werden können. Diese Entwicklung konnte in einigen Waldregionen Chiles glücklicherweise durch den engagierten Einsatz von Umweltschützern und einigen Privatpersonen gestoppt werden. Doch noch immer sind viele der seltenen Bergwälder Patagoniens durch die industrielle Nutzung bedroht und trotz ihrer Einmaligkeit und ihrer immensen Bedeutung für die Tier- und Pflanzenwelt nicht geschützt.

Wo Wälder auf Gletscher treffen, bildet sich oft ein eigenes Mikroklima. Schon im Spätsommer färben sich die Blätter der Bäume im herbstlichen Gold.

RECHTS: JAHRHUNDERTEALTE ALERCENHAINE SIND SEHR SELTEN GEWORDEN, DA MAN DAS HARTE HOLZ DER BÄUME ÜBER VIELE JAHRZEHNTE ZUM HAUSBAU NUTZTE.

Dicke Moospolster zeugen von den hohen Niederschlagsmengen in den Bergwäldern Patagoniens.

Aus den Guanacos sind die Lamas und Alpakas als Haustierrassen hervorgegangen.

Alercen sind die auffälligsten Bäume in Patagonien. Sie können über 1000 Jahre alt werden.

In den Tälern wachsen oft Mischwälder aus Südbuchen und Alercen, die von Bambusteppichen durchzogen sind.

DIE ARAUKARIEN WIRKEN WIE RELIKTE AUS ALTER ZEIT. SIE WACHSEN BIS ZUR BAUMGRENZE IN ÜBER 2000 METER HÖHE.

Von Wind und Wetter gezeichnet, mit Moosen und Flechten behangen wirken die Südbuchen wie verwunschene Zauberwälder.

Grosse Kolonien von Seelöwen leben in den von Wäldern umschlossenen Fjorden im Süden Chiles.

DER PERITO MORENO IN ARGENTINIEN IST EINER DER WENIGEN BEKANNTEN GLETSCHER AUSSERHALB DER POLREGIONEN, DIE HEUTE NOCH BESTÄNDIG WACHSEN.

Europas letzte Urwälder

Noch zur Zeit der Römer wäre es einem Eichhörnchen gelungen – wenn es es darauf angelegt hätte –, vom heutigen Schleswig-Holstein im Norden Deutschlands bis in die Alpen nach Bayern zu gelangen, ohne ein einziges Mal den Boden zu berühren.

Nicht nur das Gebiet des heutigen Deutschland, sondern fast der ganze Kontinent war damals mit dichten Urwäldern bewachsen – von Portugal bis Estland und von Schweden bis Sizilien. Doch die Landschaft hat sich in Europa wie in keinem anderen Kontinent verändert. Durch die intensive Besiedelung der letzten Jahrhunderte mussten die ursprünglichen Wälder erst kleineren Siedlungen und dann zunehmend den immer größer werdenden Städten, Straßen, landwirtschaftlichen Nutzflächen und sogar »neuen« Wäldern weichen. Die meisten der heute existierenden Wälder in Europa sind de facto Forste, die der Holzgewinnung dienen. Sie haben leider nicht mehr viel mit den ursprünglichen, dichten Urwäldern gemein.

In ganz Europa gibt es nur noch wenige Reste intakter Urwaldgebiete, einige im Norden Skandinaviens, andere in einzelnen Bergregionen Zentraleuropas oder im europäischen Teil Russlands. Letztere erstrecken sich hauptsächlich im Nordwesten Russlands von der Grenze zu Skandinavien bis zum Ural. In der Region Archangelsk liegt etwa der Dvinskiwald, der mit über einer Million Hektar, das entspricht 10000 Quadratkilometern, der größte (noch ungeschützte) europäische Urwald ist. Hier lebt heute noch vieles, was auch schon zur Römerzeit in den Wäldern Germaniens lebte: Bären, Wölfe, Luchse, Vielfraße und viele Großvögel wie die Uhus. Damals wuchs in ganz Mitteleuropa ein Mischwald, der zum Großteil von Buchen dominiert wurde. Heute ist die häufigste Baumart die Fichte, die eigentlich nur zur Holzgewinnung überall angepflanzt worden ist. Natürlicherweise wachsen Fichten in Mitteleuropa nur in Gebirgsregionen.

Die Urwaldgebiete Skandinaviens in Schweden, Norwegen und Finnland sind den russischen Urwäldern ganz ähnlich, nur sind sie viel kleiner und durch die Übernutzung der Holz- und Papierindustrie viel zerstückelter. Große intakte Urwaldlandschaften gibt es hier nur noch ganz wenige. Die verbliebenen Urwaldreste sind allerdings zum großen Teil auch heute noch nicht ausreichend geschützt. Obwohl sie so wichtig wären – zur Bewahrung der traditionellen Lebensweise der Ureinwohner dieser Region, der Sami, und für die vielen Wildtiere, die in ihnen leben. Eines der

inzwischen in Europa selten gewordenen Wildtiere ist der Vielfraß oder Bergmarder. Dieser eigentlich immer grimmig wirkende »Waldläufer« erinnert in seiner Erscheinung und Bewegung sehr an einen Dachs. Und tatsächlich gehören sie beide in die Familie der Marder, sind also miteinander verwandt. Der Vielfraß kann über einen Meter lang und mehr als dreißig Kilogramm schwer werden. Früher lebte er in vielen Teilen Europas, Asiens und Nordamerikas. Doch heutzutage beschränkt sich sein Lebensraum – bedingt durch die menschliche Bejagung und den Verlust intakter Waldgebiete – auf die borealen Waldgebiete und die noch weiter nördlich liegenden Tundren. Sein Name beruht nicht, wie oft fälschlicherweise angenommen, auf den Ernährungsgewohnheiten dieses vorwiegend nachtaktiven Marders, sondern stammt von dem altnordischen Wort »Fjällfräs« ab, was so viel wie »Felsenkatze« oder »Gebirgskatze« bedeutet. Solange noch kein Schnee liegt, betätigen sich die großen Marder meist als Aasfresser oder suchen nach Vogeleiern. Im Sommer und Herbst verzehren sie jede Menge Beeren, die den Waldboden in vielen Teilen regelrecht bedecken. Im Winter wird der Vielfraß allerdings zum richtigen Jäger und ist sogar in der Lage, junge Elche und Rentiere zu erbeuten. Viele der seltenen Exemplare leben in Lappland, genau dort, wo auch viele der letzten skandinavischen Urwaldgebiete liegen. Lappland ist zugleich das Land der Sami, des Naturvolks im hohen Norden Europas. Von den etwa 70000 Sami leben rund zehn Prozent von der traditionellen Rentierzucht und damit vom Verkauf des Fleisches und der Felle ihrer Tiere. Ungefähr 600000 Rentiere gibt es im hohen Norden, die meisten gelten als semidomestiziert, das heißt, sie leben halb wild und halb als Haustiere. Nur noch ein kleiner Teil lebt völlig frei in den Wäldern des Nordens. Nicht nur ihr Leben, sondern eigentlich ihr Überleben ist eng mit den alten und intakten Urwäldern verbunden. Denn nur dort wachsen wie in keinem anderen Wald so viele Flechten und Moose, die besonders gegen Ende der langen und harten Winter fast die einzige Nahrungsquelle der Rentiere ausmachen.

In ganz Zentraleuropa sind nur kleine Reste an Urwaldgebieten – meist in schwer zugänglichen Bergregionen – der Abholzung entgangen. Lediglich in den rumänischen Karpaten gibt es noch eine wirklich intakte Urwaldlandschaft von mehr als 500 Quadratkilometern. Hier ist ein Mischwald aus Kiefern, Fichten, Tannen und Buchen in seiner ursprünglichen Form erhalten geblieben. Der Urwaldcharakter zeigt sich schon an dem Wuchs einzelner ganz besonderer Bäume, meist Buchen. So schrumpelig und knorrig sind sie zu wahren »Knollen-Bäumen« herangewachsen. In einem Forstwald wären sie mit Sicherheit längst gefällt worden, da sie – rein kommerziell betrachtet – nicht genügend verwertbares Holz produzieren.

Nach Schätzungen von Wildbiologen gibt es hier außerhalb des europäischen Teils von Russland mehr als ein Drittel der noch in Europa lebenden Großraubtiere, also Wölfe, Braunbären und Luchse.

Die letzten Urwaldgebiete Europas müssen endlich streng geschützt werden. Sonst besteht die Gefahr, dass Europa sehr schnell zum ersten Kontinent wird, in dem der Mensch nicht nur viele Tier- und Pflanzenarten ausgerottet hat, sondern auch sämtliche Urwälder.

In den Karpaten befindet sich die einzige grössere Urwaldregion Zentraleuropas, die vom Einfluss des Menschen weitestgehend verschont geblieben ist.

KULTURLAND UND WILDNIS KÖNNEN NOCH NEBENEINANDER EXISTIEREN.

EIN MOSAIK AUS SEEN UND WÄLDERN. DER FINNISCHE NORDEN LAPPLANDS.

Selbst 300 Kilometer nördlich des Polarkreises wachsen noch stattliche Bäume – nicht der Grösse, sondern dem Alter nach.

Überwuchert von Moosen, Flechten und Beeren – der Waldboden in den Moor- und Sumpfwäldern Lapplands.

Es ist der Wald, der dich wählt ...

Pauliina Feodoroff stammt von einer Rentierfarmer-Familie ab. Nach einer Ausbildung als Regisseurin schrieb sie eigene Theaterstücke, die sie zur Aufführung brachte. Bei verschiedenen Dokumentarfilmen arbeitete sie als Dramaturgin, unter anderem zum Thema Rodungen in Inari im oberen Lappland. Sie war Mitglied im Scolt Saami Council (vertritt die Interessen der Samen gegenüber den Nationalstaaten) und ist seit März 2007 dessen Präsidentin.

Ich glaube nicht, dass man seinen Wald auswählen kann. Es ist der Wald, der dich wählt und dich ruft, dich bezaubert.

Du versuchst, Eindruck zu machen, indem du dem, den du gewählt hast, verkündest: Ich bin diejenige, deren Wurzeln fest verbunden sind mit den Felsen, die von alten Föhren gesäumt werden. Ihre Wurzeln haben sich durch das Gestein gebohrt und irgendwo Wasser aufgespürt.

Dies also ist meine Seelenlandschaft. Oder: Ein arktischer See mit klarem Wasser; von seinem sandigen Ufer steigt eine schützende Uferböschung mit knorrigen Bonsaibirken an. Zur Winterzeit ein unwiderstehlicher Ort, um einen Windschutz für die Feuerstelle in den Schnee zu trampeln und zu picknicken. Mein Wald.

Doch nein. Ich hänge an dem Wald, zu dessen Füßen, an dessen Rand ich wohne. Den ich benutze, der mich benutzt. Ich hänge nicht an dem, in dem ich gereist bin, in dem ich Gast war. Der Wald, der mich bezaubert hat, ist ein Sumpfdickicht, das hinter einem schmalen Ring von Kiefern zum Vorschein kommt. Ein Moorland, in dem in anmutigem Durcheinander Weiden, Birkenschösslinge, Wollgras und Moltebeeren neben Heidekraut und Sumpfporst wachsen.

Der Frühsommer ist Warten auf die Birkenblätter: Wann, wann kann man endlich Bündel grüner Zweige für die Rentiere schneiden!

Voller Bewunderung sehe ich dabei zu, wie die geschickteren Leute die kurz vor dem Platzen stehenden Blattknospen als Arzneien, Gewürze, Nahrung sammeln. Sie beobachten genau die Stellung des Mondes und machen sich dann mit ihrem Spankorb auf, um die Pflanzen und Triebe zu fragen, ob sie kommen dürfen. Ob sie etwas von ihnen nehmen dürfen.

Oftmals überlege ich, von welcher Gemütsart wir wären, wenn hier mehrere essbare Pflanzen wachsen würden. Leicht zu pflücken, sofort zu essen. Nüsse, Ölpflanzen, Kräuter. Bei uns gibt es nur im Sommer Stellen mit Beeren.

Im Grenzbereich zwischen Sumpf und Heide gedeihen die Rauschbeeren mit ihren knackenden Holzreisern: zwischen den Fingern zerfallende Struktur und blasses Aroma. Die Krähenbeere schmuggelt sich dort ein, wo kaum eine andere Pflanze leben kann. Durchaus auch jenseits der Baumgrenze, in einer Felsspalte, herzlich unbekümmert um den gierigen Wind, selbst auf kahler Kuppe stemmt sie sich zu Tausenden hervor. Wunderbar als frisch gepresster Saft. Die Preiselbeere, die kein Aufhebens um sich macht und stets zuverlässig auf Baumstümpfe klettert. Sie siedelt sich klammheimlich hier und da an. Und, natürlich, die stolze Herrin der Sumpfmoore, die Moltebeere, die schwer zu finden ist. Kronjuwel meines Waldes ist jedoch die Blaubeere. Immer ein wenig unnahbar, distinguiert, imposant.

Sogar nach der herbstlichen Pilzernte kann man auf schon gefrierendem Boden, unter dünner Eisschicht im klammen Moos noch Kranbeeren finden – diese kleinen Geheimnisse.

Von allem gibt es hier scheinbar so wenig: Pflanzen, Tiere. Der Wald ist licht und leicht begehbar, wenn der Sumpfboden fest wird, auch an den schwierigsten Stellen.

Im Winter bewege ich mich durch meinen Wald zu Fuß, indem ich den Schlittenspuren folge,

oder auf Skiern. Dann macht der Wald einem den Zugang am schwersten. Er verbirgt seine Geheimnisse, schläft. Der Hund will mit zum Skilaufen. Er heult, weil er im tiefen Schnee nicht vorwärtskommt. Ständig sinkt er bis zum Hals ein, während ich auf meinen Skiern über den Schnee dahingleite. Er versucht, sich nicht entmutigen zu lassen, und verbellt die Schneehühner und die Rentiere, die vom Fjäll herüberschauen. Es gelingt ihm nicht. Wenn man seine Route richtig wählt, kann man auf der Fahrt zur Siskelinlahti-Bucht eine Ahnung vom großen Inari-See bekommen. Da lässt es sich gut mit dem Netz, sogar mit dem Blinker fischen. Links sind Eisangler mit Schlaghaken am Werk. Für die Drahtreuse ist es zu tief.

Mein Wald grenzt an den beerenreichen, bewaldeten Berg jenseits der Bucht. Von dort oben ist mein Heimatdorf zu sehen. Mein Haus als kleiner Punkt. Das Gebiet ist groß, zwei Kilometer im Quadrat. Ich bin niemals weiter als bis zu dem bewaldeten Berg gegangen.

Ich bewundere diejenigen, die dieses Waldgebiet genau kennen. Ich selbst kann bisher nur ahnen, was mein Wald ist. Und dennoch denke ich, er ist mein. Ich besitze ihn.

Zu diesem Wald muss ich immer zurückkehren. Ich träume davon.

Abendstimmung auf einer von über 6000 Inseln des Inari-Sees.

VIELFRASS, HABICHTKAUZ, WOLF UND BRAUNBÄR SIND AUF URWÄLDER ALS LEBENSRAUM ANGEWIESEN UND GERADE DESHALB SEHR SELTEN GEWORDEN.

Die Bäume sind durch den starken Wind oft mehr mit Eiskristallen als mit Schnee bedeckt.

Für grosse Schneemassen ist es im hohen Norden meistens zu kalt. Neuschnee fällt eher am Anfang und Ende des Winters.

Die Urwälder sind ein wichtiger Bestandteil in der traditionellen Rentierzucht der Sami.

In extrem kalten Winternächten tanzen die Nordlichter über den Spitzen der Bäume.

Das grüne Herz Afrikas

Die nächsten Verwandten des Menschen – alle Menschenaffenarten außer den Orang-Utans – leben in den Wäldern des Kongobeckens: Schimpansen, Bonobos und die zwei Gorillaarten.

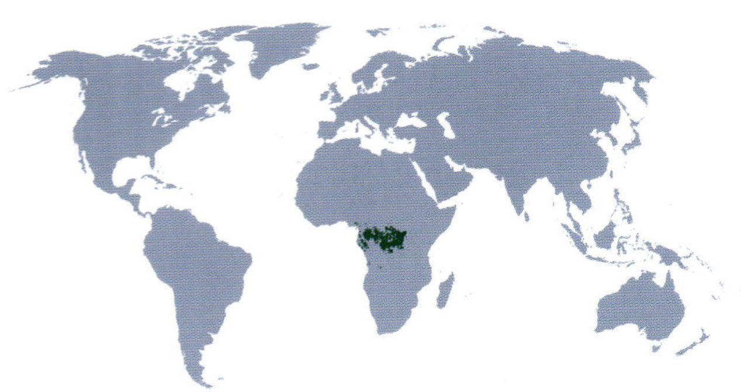

Das Kongobecken reicht im Westen von Kamerun, Äquatorialguinea und Gabun am Atlantik bis zum Tanganjika-See und dem Grenzgebiet von Uganda und Ruanda im Osten. Der größte Teil liegt in der Demokratischen Republik Kongo und wird im Norden von der Zentralafrikanischen Republik und im Süden von Angola und Sambia begrenzt.

Zwischen 97 und 98 Prozent des Erbguts der Gorillas, der sogenannten DNA, und sogar 98,4 Prozent der von Schimpansen und Bonobos sind mit der menschlichen DNA identisch. Bemerkenswert ist dabei, dass Schimpansen und Bonobos näher mit den Menschen verwandt sind als mit den Gorillas. Die Zusammensetzung des Immunsystems oder des Bluts ist beispielsweise so identisch, dass unter bestimmten Umständen sogar eine Bluttransfusion zwischen Schimpansen und Menschen möglich erscheint.

Gorillas sind mit einer Größe von bis zu 1,75 Metern und einem Gewicht von rund 200 Kilogramm die größten und schwersten aller Menschenaffen. Als fast ausschließliche Vegetarier verbringen sie den größten Teil des Tages mit der Suche nach Nahrung, vor allem Blättern. Abgesehen vom Leoparden, der jedoch nur Jungtieren wirklich gefährlich werden kann, ist der einzige Feind der Gorillas der Mensch. Die Tiere werden hauptsächlich wegen ihres Fleisches von Wilderern, den sogenannten Bushmeat-Jägern, getötet, denn auf den Märkten erzielt es einen guten Preis. Vor allem die Berggorillas gelten als extrem vom Aussterben bedroht. Während es von den Flachlandgorillas im Osten des Kongobeckens noch einige zehntausend Tiere geben könnte, schätzt man den Bestand der Berggorillas, die im Westen des Kongobeckens leben, auf lediglich 700 Exemplare.

Andere faszinierende Waldbewohner sind zum Beispiel das Okapi – auch Waldgiraffe genannt – und der Waldelefant, eine kleinere Form der in der afrikanischen Savanne anzutreffenden Elefanten. Waldelefanten sind mit bis zu 2,40 Meter Schulterhöhe das drittgrößte Landsäugetier der Erde. Bis vor 100 Jahren hielt man die im Wald lebenden Dickhäuter für eine Legende, bestenfalls für eine Gruppe verirrter Steppenelefanten. Inzwischen sind die »Kleinen Elefanten« bei Wissenschaftlern aber genetisch als eigene Unterart, oftmals sogar als eigene Art klassifiziert. An den Waldelefanten ist alles etwas kleiner als bei ihren Verwandten aus der Steppe: die Ohren, der Rüssel, die Stoßzähne, die ganze Statur. Und dies scheint auch sinnvoll, da sie in dichten Wäldern leben.

Die bekanntesten eingeborenen Stämme, die in den Wäldern des Kongobeckens zu Hause sind, werden oft einheitlich als Pygmäen bezeichnet. Sie gelten zwar als die älteste Bevölkerung der tropischen Wälder Afrikas, sind aber eigentlich nicht ein einzelner Volksstamm, sondern eher ein Sammelbegriff für eine Vielzahl unterschiedlicher Stämme. Das gemeinsame Merkmal der rund 150000 Pygmäen, die heute im Kongobecken leben, ist ihre geringe Körpergröße: Frauen erreichen eine Größe von rund 1,35 Meter und Männer von 1,45 Meter.

Die Geschichte Zentralafrikas ist turbulent und blutig und immer auch verbunden mit dem Schicksal der Wälder: Die Menschen litten unter Sklaverei und Verschleppung, Kolonialherren bemächtigten sich dessen, was sie für gut und wertvoll hielten, und eine Vielzahl von Bürgerkriegen ebenso wie Krankheiten und Armut kosteten und kosten auch heutzutage Millionen einheimischer Menschen das Leben. Die Wälder im Herzen Afrikas werden eigentlich seit der Zeit des Kolonialismus (ab Mitte des 19. Jahrhunderts) massiv ausgebeutet. Elfenbein und Edelhölzer wurden in unvorstellbaren Mengen außer Landes geschafft, vor allem nach Europa. Der Handel mit Elfenbein ist dank internationaler Abkommen heute zum überwiegenden Teil gestoppt. Holz ist aber nach wie vor für viele

Länder des Kongobeckens eines der Hauptexportgüter. Ganz oben auf der Liste der Importeure steht immer noch Europa – und inzwischen auch China. Die Bürgerkriege in den Staaten des Kongobeckens haben Millionen von Menschen unvorstellbares Leid gebracht. Den Wäldern verschafften diese Zeiträume paradoxerweise Ruhepausen, da sich die großen internationalen Holzkonzerne zurückzogen und damit die Sägen in den Wäldern stoppten. Allein in der Demokratischen Republik Kongo sind rund 60 Millionen Hektar unberührter Tropenwald erhalten geblieben, ein Gebiet fast zweimal so groß wie Deutschland. Nach dem Ende der Bürgerkriege begann jedoch ein neuer Kampf: der Wettstreit der Holzindustrie um sogenannte Einschlagskonzessionen – behördliche Genehmigungen, bestimmte Waldgebiete einzuschlagen und auszubeuten. Inzwischen sind bereits für 20 Millionen Hektar und damit ein Drittel des gesamten Urwaldgebietes der Demokratischen Republik Kongo Einschlagslizenzen vergeben oder beantragt.

Die derzeitige Nachkriegssituation ist dramatisch und chancenreich zugleich: Entweder widerfährt dem zweitgrößten Tropenwald der Erde das gleiche Schicksal wie den Wäldern anderer tropischer Länder und er wird geplündert und zerstört. Oder aber die Verantwortlichen nehmen die historisch einmalige Chance wahr, ihn zu erhalten, indem sie die Holzindustrie zu einer nachhaltigen und sozial wie ökologisch verträglichen Nutzung zwingen.

Wegen der Hitze, unzähliger Insekten und schierer Undurchdringlichkeit wurde der Wald von den Europäern oft als »grüne Hölle« bezeichnet.

Ein Gorillababy, dessen Eltern von Wilderern getötet wurden.

Auf der Suche nach Lebensraum dringen immer mehr Menschen, meist über die Strassen der Holzkonzerne, in die Wälder ein.

Der Kampf um das grüne Herz Afrikas

Samuel Nguiffo ist 1965 in Bafoussam (Kamerun) geboren. Der promovierte Jurist gründete 1994 das Zentrum für Umwelt und Entwicklung (Environment and Development Centre, C.E.D.), eine regierungsunabhängige Umweltschutzorganisation (NGO), die sich vor allem um Forstwirtschaft, Herkunftsindustrien und den Zusammenhang zwischen Menschenrechten und Umweltschutz in Zentralafrika kümmert. 1999 erhielt er den Goldman Environmental Prize für Afrika, den weltweit bedeutendsten Umweltschutz-Preis.

Als Überbleibsel der ehemaligen tropischen Waldlandschaften Afrikas stellt das Kongobecken nach dem Regenwald des Amazonas das zweitgrößte gefährdete tropische Urwaldgebiet der Erde dar. Es bedeckt sechs zentralafrikanische Staaten, die zu den ärmsten Ländern der Welt zählen. Dieser Regenwald zeichnet sich durch seine außergewöhnliche Schönheit aus, durch seine immense Artenvielfalt sowie durch seine überraschende Empfindlichkeit, die sich hinter einem ersten Anschein von Robustheit offenbart. Abgesehen von seiner Größe ist der Regenwald des Kongobeckens auch wegen seiner Funktions- und Nutzungsvielfalt von lokaler, nationaler und globaler Wichtigkeit.

Zum einen stellt er ein unübertroffenes Reservoir für die Artenvielfalt dar, weil er eine eklatante Anzahl endemischer Tiere und Pflanzen beherbergt, also Arten, welche ausschließlich im Kongobecken vorkommen. Zudem wird er für wirtschaftliche Zwecke ausgebeutet, insbesondere durch eine massive Abholzung, die sich seit den 1990er-Jahren immer mehr verstärkt. Hauptabnehmer der Hölzer sind die Volksrepublik China und die EU. In ökologischer Hinsicht ist er nicht nur Heimat für die weltweit größte Vielfalt an Flora und Fauna, sondern beeinflusst und regelt sowohl lokal wie global die klimatischen Verhältnisse, da er beispielsweise als Wasserreservoir und Luftfilter fungiert sowie für die Aufrechterhaltung des Mikroklimas sorgt.

Doch ebenso reich wie an Tieren und Pflanzen ist dieser afrikanische Regenwald auch an Menschen, unter ihnen die Bantu und die letzten Stämme afrikanischer Ureinwohner, die Pygmäen.

Sie alle sind für ihr tägliches Überleben mehr oder weniger auf die Ressourcen des Waldes angewiesen. Für sie ist er so etwas wie ein riesiger »Gratis-Supermarkt«, in dem sie sämtliche Nahrungsmittel, die Grundlagen ihrer traditionellen Medikamente, ihre Baustoffe und Werkzeuge sowie die Requisiten für ihre kulturellen und kultischen Bräuche beziehen. Die Lebensqualität dieser Stämme steht daher in direktem Zusammenhang mit der Qualität des Waldes.

Ich halte mich für ausgesprochen privilegiert, weil ich das Glück habe, in dieser Region zu leben, mich an ihrer Schönheit zu erfreuen und an den unzählbaren Möglichkeiten, die sie bereitstellt. Meine Zeitgenossen aus anderen Teilen der Erde haben davon nur eine ungefähre Ahnung, und ich bedaure meine Söhne, die diese Region ohne Zweifel nicht mehr in ihrem jetzigen Zustand kennenlernen werden. Tatsächlich verweisen ja auch die Erzählungen der Alten darauf, dass der Wald sich seit ihrer Kindheit bereits sehr verändert hat.

Dieses einzigartige Ökosystem ist mittlerweile einer massiven Bedrohung unterworfen. Seine Unversehrtheit ist bereits schwer beeinträchtigt und seine Funktion als Versorger der umliegenden Bevölkerung wie auch seine globale Rolle sind irreversibel gestört. In der fortschreitenden Abholzung, sei es zur Verwertung der tropischen Hölzer oder um landwirtschaftlich nutzbare Flächen zu schaffen, liegt die größte Gefahr. Zwei unterschiedliche Interessengruppen stehen sich hier gegenüber. Ihre gegensätzlichen Positionen verschärfen sich, je mehr sich die Lage des Urwaldes zuspitzt. Einerseits gebietet die Notwendigkeit zu überleben den Waldbewohnern eine ständig steigende Ausbeutung ihrer eigenen natürlichen Ressourcen. Die Gefahr, dass sich die Waldbewohner so ihrer eigenen Lebensgrundlage berauben, ist jedoch nicht unüberwindbar, denn die Bevölkerungsdichte in den verschiedenen Gebieten des Kongobeckens ist gering. Einmal erkannt, sollte dieses Problem jedoch vor allem zu energischen Schritten in der Bekämpfung der Armut führen, indem man alternative Lösungen erarbeitet, die dem Wachstum der Waldbevölkerung gerecht werden. Andererseits wird in großem Maßstab eine kommerzielle Ausbeutung des Waldgebiets betrieben. Sie wird normalerweise als wenig zerstörerisch dargestellt, weil nur bestimmte Hölzer geschlagen werden. Im Durchschnitt, so wird suggeriert, würde lediglich ein Baum pro Hektar geschlagen, und von den etwa 300 bekannten Baumarten Zentralafrikas würden nur zehn Arten etwa 60 Prozent des exportierten Holzes bilden. Die angebliche Unbedenklichkeit dieser Ausbeutung für den Wald darf dennoch stark angezweifelt werden, denn die Suche nach Edelhölzern, die auf dem Holzmarkt hohe Preise einfahren, bedingt den Aufbau eines Straßennetzes innerhalb des Urwalds. Dadurch wird aber das Ökosystem extrem belastet, weil auch Wilderer und illegale Holzfäller ungehindert in den Wald eindringen können. Außerdem reduziert auch diese gezielte Abholzung den wirtschaftlichen Wert des Waldes sowie seine Fähigkeit, seine ökologischen Aufgaben ausreichend zu erfüllen. Betrachtet man den sozialen Aspekt der kommerziellen Nutzung des Waldes, profitieren nirgendwo in Afrika die Urbewohner von der industriellen Ausbeutung der Holzvorräte. Jüngste Studien zeigen im Gegenteil, dass das Lebensniveau der Anwohner alter Einschlagflächen aufgrund der mit der Rodung verbundenen Verarmung der Artenvielfalt gesunken ist.

Meine Kollegen und ich engagieren uns in dem schwierigen Kampf um die Erhaltung des Waldes, weil wir glauben, dass man die herrschende destruktive Tendenz noch umkehren und einen der größten Reichtümer erhalten kann, den die Menschheit besitzt. Gleichgültig, ob man in einem der Länder wohnt, das Holz produziert, oder in einem, das als Holzabnehmer fungiert – wir alle sind aufgerufen, uns bei der Suche nach einer Lösung für den Erhalt dieser Wälder zusammenzutun.

Waldelefanten wurden lange für eine Legende gehalten. Sie sind heute wie alle Grosstierarten des Kongobeckens durch Wilderei und Waldzerstörung bedroht.

DIE PYGMÄEN DURCHSTREIFEN ALS JÄGER UND SAMMLER SEIT JAHRHUNDERTEN DIE WÄLDER, OHNE DIESE ZU ZERSTÖREN.

Seitdem grosse Holzkonzerne die Wälder industriell ausbeuten, ist die Existenz der Wälder bedroht.

Verzweigte Flusssysteme und der Regenwald bilden eine intakte Einheit.

Im Norden Gabuns liegt das Minkebe-Schutzgebiet, in dem die Inselberge von ganz besonderer Bedeutung sind.

Nur nach tagelangem Fussmarsch durch Sümpfe und dichten Dschungel erreicht man das Gebiet der Inselberge.

Die Taiga Sibiriens und des Amur

Wenn sich die Lärchen im Herbst verfärben und ihre Nadeln diese leuchtend gelbe Farbe bekommen, scheint die Taiga Sibiriens der Sonne Konkurrenz machen zu wollen. Diese riesige Urwaldlandschaft grenzt im Norden an die subarktische Tundra, im Osten an den Pazifik, im Süden an die Steppen und Gebirge der Mongolei und Kasachstans und im Westen an das Uralgebirge.

Taiga – das ist der russische Ausdruck für Wald und bedeutet doch so viel mehr. Obwohl ihre geografischen Grenzen nicht ganz exakt zu ziehen sind, gelten die Waldgebiete Sibiriens und des fernöstlichen Russland, die sich vom Ural an der Grenze Europas bis nach Kamtschatka am Pazifik erstrecken, als die größten der Erde. Damit übertrifft die Taiga in ihrer Ausdehnung sogar den Amazonaswald. Tausende von Kilometern reicht sie von West nach Ost und von Nord nach Süd, immer wieder unterbrochen von Sümpfen und Torfmooren, Seen, kleinen Gebirgen und Grassteppen.

Hier in der Taiga – und nicht etwa in der Antarktis – befinden sich die kältesten Orte der Erde mit Temperaturen von regelmäßig unter minus vierzig Grad Celsius. Aufgrund der harten und langen Winter, in denen alles monatelang unter Schnee und Eis begraben ist, ist das Wachstum der Bäume auf die wenigen warmen Sommermonate beschränkt. Die Bäume wachsen nur sehr langsam und in der Regel auch nicht zu Riesen heran. Lediglich wenige Hartgesottene haben es überhaupt geschafft, sich diesen unwirtlichen Verhältnissen anzupassen. Kein Wunder also, dass es in der Taiga längst nicht so viele verschiedene Tier- und Pflanzenarten gibt wie in den Tropen. Das raue Klima hat dazu geführt, dass sich nur wenige Baumarten durchsetzen können. Ein Mischwald aus Nadel- und Laubbäumen beherrscht die Taiga, wobei Waldkiefer und Fichte im Westen

die häufigsten Arten sind, im Osten dominiert die Sibirische Lärche – in beiden Regionen durchmischt von Espen und Birken.

Doch trotz harter Bedingungen ist der Wald voller Leben: Nicht nur Myriaden von Mücken und anderen kleinen Lebewesen existieren hier, sondern auch große Säugetiere. Elche, Hirsche oder Wildschweine sind in der Taiga ebenso zu Hause wie ihre

Jäger – Luchse, Wölfe, Bären und die größte Katze der Welt, der Sibirische Tiger, der in Russland Amurtiger heißt. Die imposante Wildkatze kann bis zu drei Meter lang und über dreihundert Kilogramm schwer werden, manche Exemplare bringen sogar bis zu fünfhundert Kilogramm Gewicht auf die Waage. Der Amurtiger war, als noch viele tausend Tiger durch die dichten Wälder zwischen dem Baikalsee und dem

japanischen Meer streiften, der unumstrittene Herrscher der Taiga. Doch Trophäenjäger und Hersteller obskurer Heil- und Kraftmittel machten dem eleganten Jäger fast vollständig den Garaus. Wissenschaftler gehen heute von nicht mehr als 450 frei lebenden Tieren aus, die nur noch im Amurgebiet, ganz im Osten Russlands, vorkommen. Doch auch die wenigen wilden Tiger sind alles andere als sicher. Immer neue Kahlschläge der Holz- und Papierindustrie zerstückeln die letzten Rückzugsgebiete. Und nach wie vor sind die Großkatzen eine begehrte Beute, da sie für Produkte der traditionellen chinesischen Medizin benötigt werden und der irrsinnige Glaube an potenzverstärkende Eigenschaften von Knochen, Haaren oder sonstigen Körperteilen weiter besteht.

Wer den Amurtiger beobachten will, muss geduldig sein. Die Katze ist ein Einzelgänger und nachtaktiv. Sie braucht ein ausgedehntes Revier, um erfolgreich und ausreichend Beute jagen zu können. In den Wäldern, in denen zahlreiche Beutetiere leben, genügt ein Revier von »nur« 100 Quadratkilometern. Zum Vergleich: Im größten deutschen Wald, dem Bayerischen Wald, hätten umgerechnet gerade mal zwei Tiger Platz. Ist der Beutetierbestand aber eher gering, so kann der Amurtiger ein Revier von bis zu dreitausend Quadratkilometen benötigen – dies wäre größer als das gesamte Saarland. Doch nicht nur Pflanzen und Tiere finden trotz schwieriger klimatischer Bedingungen in der Taiga ihr Zuhause. Zu den Ureinwohnern Sibiriens gehören zum Beispiel die Jakuten, von denen heute noch rund 350000 Mitglieder in den Wäldern und Steppen Sibiriens leben – zum allergrößten Teil als Jäger und Fischer. Einige haben auch als Bauern oder Rentier- und Pferdezüchter ein Auskommen gefunden. Heute wie früher wohnen sie im Sommer in leichten Zelten aus Birkenrinde und im Winter in ihren Jurten, geschützt von Erdwällen und Grasdächern, nebst einem Anbau für ihre Tiere.

Die Taiga Russlands ist aber nicht nur für das Überleben der letzten Amurtiger oder den Erhalt der Jakuten-Kultur so wichtig. Der intakte Wald gehört darüber hinaus zu dem borealen Waldgürtel, der die gesamte nördliche Erdhalbkugel umschließt, und hat als gigantischer Kohlenstoffspeicher eine bedeutende Funktion für die Stabilität des Weltklimas.

Im äussersten Südosten Russlands erstreckt sich die Primorje-Taiga zwischen China und dem Japanischen Meer.

INTAKTER WALD DER TAIGA IST EINE MISCHUNG AUS VERSCHIEDENSTEN LAUB- UND NADELBÄUMEN, MEIST ESPEN, BIRKEN, EICHEN, FICHTEN, KIEFERN UND LÄRCHEN.

SOBALD DIE ERSTEN WARMEN SONNENTAGE EINZUG HALTEN, EXPLODIERT DIE NATUR GERADEZU IN GRÜNTÖNEN UND LÄSST DAS GRAU DES WINTERS HINTER SICH.

Tagesanbruch am Japanischen Meer. Der Morgennebel durchzieht den Eichenbruchwald und die blühenden Rhododendronbüsche.

Die grösste Katze der Welt – der »Amurtiger«. Es gibt nur noch ca. 450 Tiere in freier Wildbahn, die die Wilderer und die Waldzerstörung überlebt haben.

Ohne Urwälder haben Tiger, Luchs und viele andere Wildtiere der Taiga keine Chance zu überleben.

Das goldene Leuchten der Lärchen und Birken verkündet das Ende des Sommers für die Wälder Sibiriens.

Flechtenteppiche und Felsen sind ein typisches Merkmal der Waldböden in den Sayan-Bergen im russischen Tuva.

DIE LÄRCHE IST DER EINZIGE NADELBAUM DER TAIGA, DER SICH WIE LAUBBÄUME IM HERBST VERFÄRBT UND SEINE NADELBLÄTTER ABWIRFT.

Die Menschen der Region sind meist mongolischer Abstammung. Viele leben nach wie vor in ihren traditionellen Zelten und Jurten.

Ein typisches russisches Dorf in der Provinz Tuva nahe dem Grenzgebirge zur Mongolei.

Die Paradieswälder Südostasiens und Neuguineas

Die Holzdecks von Segelbooten, Motorjachten bis hin zu den größten Kreuzfahrtschiffen der Welt sind meist ein Stück schwimmender Paradieswald: Denn Teak ist nach wie vor das Zauberholz der Boots- und Schiffbauer. Seit Jahrhunderten ist es als Deckholz die erste Wahl, da es schwer entflammbar, bei Nässe nicht rutschig, durch die im Holz enthaltenen natürlichen Öle besonders wetterfest und sehr beständig gegen Pilze und Termiten ist.

Ursprünglich stammt Teak aus der Region des heutigen Indien, Laos und Thailand, hat sich dann aber schnell in ganz Südostasien verbreitet. Teakbäume sind einige der wenigen Tropenbäume, die sich auch in Plantagen anbauen lassen. Inzwischen gibt es riesige Plantagen in Asien, Südamerika und Afrika von mehr als einer Million Hektar Größe, die einen großen Teil des Bedarfs decken. Dennoch bedeutet Teak aus Plantagenanbau keine generelle Entwarnung für den Verbraucher: Die meisten Plantagen stehen auf ehemaligem Urwaldgebiet – wertvoller Wald fiel daher dem Teakanbau zum Opfer, was auch der heutigen Verwendung des wetterfesten Holzes einen schlechten Beigeschmack gibt. Andere begehrte Hölzer Südostasiens sind Merbau oder Ramin, die beide nicht in Plantagen angebaut werden können.

Nach den Regenwäldern Amazoniens beherbergen die Urwaldgebiete Südostasiens und Ozeaniens die zweitgrößte Artenvielfalt der Erde. Geografisch umspannen die Wälder im Südosten Asiens die Waldgebiete östlich von Indien und südlich von China. Große, zusammenhängende und intakte Urwaldlandschaften gibt es jedoch nur noch in Indonesien und Papua-Neuguinea. Lediglich kleine Restgebiete findet man in Burma, Vietnam, Kambodscha, Malaysia, Laos, Buthan, Thailand, auf den Philippinen und in einigen Inselstaaten wie beispielsweise den Salomonen.

In Indonesien, auf Sumatra und Borneo befinden sich die größten Torfwaldgebiete der Erde: eine Fläche, die mit ihren 170000 Quadratkilometern halb so groß ist wie Deutschland. Entstanden sind diese Torfwälder durch die besonders starken Regenfälle in der Regenzeit, wenn das Wasser aufgrund des geringen Gefälles der Landschaft nur sehr langsam abfließen kann. Kannenpflanzen, die zur Gruppe der fleischfressenden Pflanzen gehören, sind ein besonderes Merkmal dieser Wälder. Mittels Duftstoffen werden Insekten angelockt und geraten in die mit Verdauungsflüssigkeit gefüllten Fangbehälter. Einige Tiere nutzen diese besondere Eigenschaft der Kannenpflanzen, um selbst Beute zu machen. So weben manche Spinnen beispielsweise ihr Netz oberhalb der Verdauungsflüssigkeit und fangen dann die Insekten ab. Auch Frösche machen sich die betörenden Duftfallen zunutze, indem sie sich unterhalb der Pflanze postieren und auf die angelockten Insekten warten.

Ein anderes Merkmal dieser Feuchtwälder ist ihre besondere Speicherfähigkeit, und zwar nicht nur von Wasser, sondern auch von Kohlenstoff. Die viele Meter dicken, uralten Torfschichten gelten als einer der größten Kohlenstoffspeicher der Erde und sind damit ein ganz entscheidender Faktor für die Klimastabilität.

In den Bäumen dieser Torfwälder leben auch die größten Baumbewohner der Erde, die Orang-Utans. In der Sprache der Einheimischen bedeutet Orang-Utan »Waldmensch«. Nach Ansicht vieler Indonesier sind die großen roten Affen eigentlich Menschen, die sich nur in einem von den zweibeinigen Stadtbewohnern unterscheiden: Sie haben überhaupt keine Lust zu arbeiten. Damit die Menschen sie aber nicht zur Arbeit überreden können, tun sie in deren Gegenwart so, als könnten sie nicht sprechen.

Orang-Utans sind die einzigen Menschenaffen, die außerhalb Afrikas leben. Im Gegensatz zu Gorillas und Schimpansen steigen sie nur auf den Waldboden herab, um von einem Baum zum anderen zu gelangen. Sie sind perfekt an dieses Leben auf den Bäumen angepasst: Obwohl sie nur rund 1,20 bis 1,50 Meter groß werden, kann die Spannweite ihrer Arme über 2,20 Meter betragen. Im Gegensatz zu Afrika werden die Menschenaffen in Asien nicht von Wilderern bedroht, sondern von Feuer. Genauer gesagt: von Waldbränden, die von Menschen gelegt werden, um neue Flächen für den Anbau von Papierholz oder Ölpalmen zu schaffen. Viele der Baumbewohner verlieren ihr Leben in den Flammen und mindestens genauso viele gehen durch den Verlust ihres Lebensraumes zugrunde. Heute findet man nur noch wenige tausend Orang-Utans in den Wäldern Südostasiens. Sie werden die ersten Menschenaffen sein, die aussterben, wenn nicht sofort konsequente Maßnahmen zu ihrem Schutz und auch zum Schutz des Waldes ergriffen werden.

Die größten noch intakten Urwälder der Region befinden sich auf Neuguinea, der drittgrößten Insel der Erde, die etwa zur Hälfte zu Indonesien gehört. Die andere Hälfte zählt zum Staat Papua-Neuguinea. Hier gibt es ausgedehnte Tiefland- und Bergregenwälder, Araukarien-, Mangroven- und Sumpfwälder sowie Sagopalmen und Pinienwaldgebiete. Die Urwälder sind Heimat für Millionen von Menschen, rund drei Viertel der Bevölkerung Papua-Neuguineas leben im und vom Wald. Sie bewirtschaften dort ihre Felder, jagen und fischen. Die Tierwelt vieler Waldgebiete ist so reich, dass die Menschen nie tief in den Wald vordringen müssen, um für den Unterhalt ihrer Familien zu sorgen. Forscher, die es schaffen, sich in eines dieser letzten Paradiese vorzukämpfen, sind immer wieder erstaunt darüber, wie furchtlos die Tiere den Menschen gegenübertreten. Expeditionen entdecken fast täglich neue Arten: Palmen, Frösche, Schmetterlinge und sogar Vögel, wie etwa den erst 2006 entdeckten, seit Jahrzehnten als verschollen geltenden Strahlenparadiesvogel.

Kein Wunder also, dass diese Gebiete als unentdeckte Welt und die letzten unberührten Waldparadiese der Erde gelten. Um so unverständlicher ist es, dass, obwohl auch hier bereits 60 Prozent der ursprünglich vorhandenen Wälder zerstört sind, die Regierungen Indonesiens und Papua-Neuguineas die weitere Abholzung und Ausbeutung von noch rund der Hälfte der verbliebenen Urwaldgebiete planen.

TROPENWALD IM HOCHLAND PAPUA-NEUGUINEAS AM FUSSE DES BOSAVI-VULKANS.

DIE BEWOHNER VON KAMIALI IN PAPUA-NEUGUINEA LEBEN GANZ BEWUSST MIT DER NATUR IHRER WÄLDER UND DES ANGRENZENDEN MEERES, OHNE SIE AUSZUBEUTEN.

Die beweglichen Beine und handähnlichen Füsse der Orang-Utans sind neben den kräftigen Händen und Armen eine ideale Voraussetzung für das Kletterleben.

Durch ihre Ausscheidungen verbreiten die Tiere die Samen der Früchte und nehmen daher eine Schlüsselrolle in der Verbreitung vieler Baumarten ein.

Das Gebirge des Gunung-Mulu-Nationalparks im malaiischen Teil der Insel Borneo.

Die »Pinnacles« sind bis zu 60 Meter hohe, durch Erosion geformte scharfkantige Kalksteinfelsen, die aus dem Wald herausragen.

Aus dem riesigen Höhlensystem der Kalksteinberge fliegen jeden Abend bis zu drei Millionen Fledermäuse, um in den umliegenden Wäldern Insekten zu jagen.

LINKS: NACH JAHRZEHNTELANGEM WÜRGEN DER WÜRGEFEIGE IST DER URSPRÜNGLICHE WIRTSBAUM ABGESTORBEN UND HINTERLÄSST NUR NOCH EINEN HOHLRAUM.

FLEISCHFRESSENDE KANNENPFLANZEN SIND TYPISCHE BEWOHNER HÖHERER LAGEN.

Die Urwälder Nordamerikas

Auf die ersten Menschen müssen die riesigen Waldgebiete Nordamerikas wie eine grenzenlose Wildnis gewirkt haben. Auch heute noch gelten Alaska, vor allem aber Kanada, als unendlich große Waldländer und als die Heimat von Bären und Wölfen, Elchen, Adlern und Orcawalen. Es gibt viele Waldtypen in Nordamerika. Zwei davon sind aus ökologischer Sicht jedoch besonders hervorzuheben: die nordischen borealen Waldgebiete östlich der Rocky Mountains und der Küstenregenwald an der Westküste Nordamerikas.

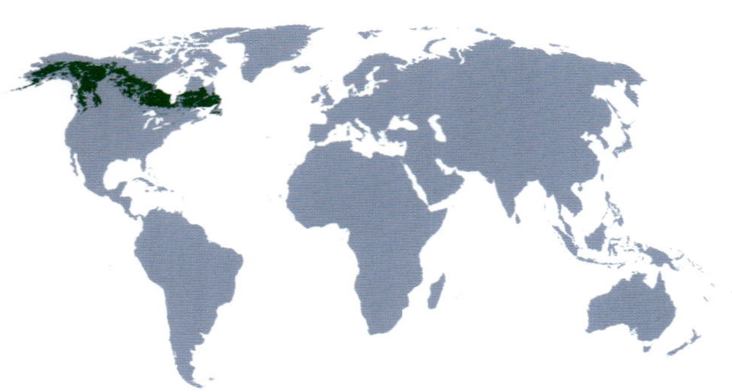

Der Küstenregenwald, der entlang der gesamten Westküste von Vancouver bis hinauf nach Alaska verläuft, ist der größte Küstenregenwald seiner Art und der größte Regenwald außerhalb der Tropen. Die hohen Niederschlagsmengen und das gemäßigte Klima haben in den vielen Tälern und Schluchten, auf den Inseln und an den Berghängen einen einzigartigen Waldtyp hervorgebracht, der in vielerlei Hinsicht ein ganz besonderer Lebensraum ist. Hier wachsen Bäume, die zu den größten und ältesten der Welt gehören – eine wahre Spielwiese der Giganten: riesige Zedern, Hemlocktannen und Douglasien, viele von ihnen von unvorstellbarer Größe und nicht selten weit über tausend Jahre alt. Dieser Regenwald ist aber auch eines der letzten Rückzugsgebiete und Lebensraum anderer Giganten: der Bären, vor allem der Grizzlybären. Eine Unterart der mächtigen Braunbären, der Kodiakbär, lebt ganz im Norden, auf einigen vorgelagerten Inseln an der Südküste Alaskas, und ist im Stehen mit über drei Metern Höhe und bis zu 400 Kilogramm Gewicht (in Ausnahmen sogar bis 800 Kilogramm) der größte Bär der Erde. Auch Schwarzbären findet man hier, darunter sogar ganz besondere: weiße Schwarzbären. Dabei handelt es sich nicht um Albinos, sondern um eine ganz spezielle weiße Bärenart, die Kermodebären. Die wenigen hundert lebenden Exemplare haben nur hier ihre Heimat. Die Ureinwohner gaben ihnen einst ihren Namen, der so viel wie »Geisterbär« bedeutet. Gemäß der indianischen Mythologie hat der Schöpfer jeden zehnten Schwarzbären weiß gefärbt, damit sich die Menschen an die Zeit erinnern, in der Eismassen und riesige Gletscher das Land bedeckten.

Da das Leben der Bären untrennbar mit diesem Wald verbunden ist, verdankt er ihnen auch seinen Namen: »Great Bear Rainforest« – Regenwald der Großen Bären. Die zahllosen Flüsse und Bachläufe, die den Wald durchziehen, sind Heimat vieler Lachsarten und zählen zu den lachsreichsten Gewässern der Welt. Besonders im Herbst, wenn Millionen Fische zum Laichen die Flüsse aufwärts ziehen, sind es die Bären, die sie am Endpunkt ihrer langen Reise zurück zu ihrer Geburtsstätte schon sehnlichst erwarten. Die Lachse sind für die Bären vor dem einsetzenden langen Winter die wichtigste Nahrungsgrundlage. Um an die wendigen Leckerbissen zu kommen, haben die großen Säugetiere daher beeindruckende Fangmethoden entwickelt. Auch wenn sie beinahe lässig am Ufer oder sogar mitten im Wasser stehen, können sie blitzschnell zuschlagen. Oftmals ist der Lachsreichtum sogar so groß, dass die Bären es sich leisten können, nur die fettreiche Haut der Fische zu fressen, um sich so möglichst große Fettreserven für ihren langen Winterschlaf zuzulegen. Die von den Bären verschmähten Fischreste versorgen – zusammen mit dem Bärenkot – den Wald mit wichtigen Nährstoffen. Selbst die Bäume profitieren also von dem wochenlangen »Lachsmahl« der Bären. Forscher haben sogar bis in die Nadelspitzen der Baumriesen hinein wichtige Substanzen nachgewiesen, die von den Fischen stammen.

Doch nicht nur Bären und Lachse sind in diesem einzigartigen Küstenregenwald zu Hause: Seit Jahrtausenden ist er Lebensraum, Heimat und spiritueller Ort für viele indigene Volksstämme. Die Nuxalk, Heiltzuk, Haida, Tsimshian, Northern Wakashan, Kwakwakw'wakw, Nuu-chah-nulth und viele andere Stämme ernähren sich auch heute noch zu einem großen Teil von Lachs, erlegtem Wild, gesammelten Beeren und Pilzen. Der Wald ist ihre Speisekammer – und ihre Heimat. Der Sage der Nuxalk nach ist sogar der Ursprung der Menschheit in diesem Wald zu finden.

Heute kämpfen die Nuxalk und andere Stämme um den Erhalt ihres Lebensraumes und der letzten spirituellen Plätze ihrer Vorfahren. Denn ein Großteil des Waldes und damit auch viele der für die Ureinwohner heiligen Bäume fielen bereits den Kettensägen der kanadischen Forstindustrie zum Opfer. Beinahe wäre der Regenwald der großen Bären genau wie andere Teile des Küstenregenwaldes auch durch immer weitere riesige Kahlschläge komplett zerstört worden. Doch eine Koalition aus Ureinwohnern und Umweltschützern hat diese drohende Tragödie an die internationale Öffentlichkeit gebracht und nach jahrelangem Kampf das Ruhen der Kettensägen in den meisten der verbliebenen unberührten Täler erreicht.

Die Forst- und Papierindustrie bedroht auch den zweiten, ökologisch besonders wertvollen Waldtyp Nordamerikas: die borealen Wälder im Inland. Im Gegensatz zu den Baumriesen der Küstenregenwälder erscheinen die Nadel- und Pappelbäume der borealen Wälder auf den ersten Blick allerdings fast schmächtig. Die klimatischen Bedingungen, weniger Niederschlag und lange kalte Winter erlauben nur ein langsames Wachstum der Bäume. Doch auch sie sind oft Hunderte von Jahren alt. Und da, wo der Wald noch intakt ist und ungestört gedeihen kann, steckt er auch voller Leben: Elche, Karibus, Waldbisons und zahlreiche Vogelarten sind Nutznießer der reichen Vegetation und ziehen hier ihre Jungen auf. Biber und Otter tummeln sich in den zahlreichen Flüssen und Seen, und Wölfe durchstreifen die Wälder, Sümpfe und Moore.

Doch nicht nur für Pflanzen, Tiere und die indianischen Ureinwohner sind die Urwälder Nordamerikas von existenzieller Bedeutung. Auch im globalen Kontext haben sie eine entscheidende Funktion: Zusammen mit den Taigawäldern Russlands sind sie einer der größten Kohlenstoffspeicher der Welt und spielen damit eine wichtige Rolle im Klimahaushalt der Erde.

OB BÄREN, WEISSKOPFSEEADLER ODER ORCAS, VIELE GROSSE FLEISCHFRESSER DES »GREAT BEAR RAINFOREST« HABEN LACHSE AUF IHREM SPEISEPLAN.

KEINE KETTENSÄGEN IM KOEYE-FLUSSTAL – NACH JAHRELANGEM KAMPF DER UREINWOHNER UND UMWELTVERBÄNDE WURDE DAS TAL UNTER SCHUTZ GESTELLT.

«My view of the forests of my ancestors»

We are part of the earth, our Mother; our bodies go back to the earth, when we die, but our spirits dwell the paths forever.
Our history says, our journeys on earth take in all the elements of nature, and we pay our respects to it all.
That is where our laws come from, our human laws, and it tells who we are on the earth.
We meet people, and we fight together; it is honorable and we hold hands.
The Great Bear Rainforest, we see in the distant, is a love, an intangible we want to protect;
but we have to learn who we are, and what we are fighting for.
It is embelished within forests, and must remain there forever.

QWATSINAS (HÄUPTLING DER NUXALK)

Der Regenwald an der Westküste Kanadas grenzt direkt an den Pazifik.

OB IM MEER, AM STRAND ODER IM WALD, DIE VIELFALT DES LEBENS IST ALLGEGENWÄRTIG.

Die grösste Hemlocktanne der Welt steht auf Vancouver Island am Rande eines Kahlschlags und ist eigentlich nur durch Zufall den Kettensägen entkommen.

DAS STÄNDIG WECHSELNDE SPIEL AUS LICHT UND SCHATTEN UND DER RHYTHMUS DER GEZEITEN FASZINIEREN IN DER GRANDIOSEN LANDSCHAFT DES FJORDLANDES.

Die meiste Zeit des Jahres ernähren sich die Grizzlies, die oft durch die Wiesen der Flusstäler streifen, vegetarisch von Gräsern, Beeren und Wurzeln.

DIE REGENWÄLDER AMAZONIENS

Wer im Amazonasregenwald überleben will, der muss entweder schwimmen, klettern oder fliegen können oder besser noch gleich mehrere dieser Fähigkeiten besitzen. Denn es ist das Wasser, das diesen Wald so prägt.

Wasser, das als Regen fällt und sich in den Seen, Sümpfen und Flüssen sammelt, dann durch die tropischen Temperaturen und die Vegetation verdunstet, um wieder als Regen den lebenswichtigen Kreislauf fortzusetzen. Es regnet an fast jedem Tag: in der Regenzeit ununterbrochen und in der Trockenzeit, so sagen die Einheimischen mit einem milden Lächeln, nur einmal am Tag.

Es ist ein gigantischer Wasserkreislauf, der nicht nur eine unvorstellbare Menge – rund 20 Prozent allen Süßwassers der Erde (außerhalb der arktischen Eismassen) – umfasst, sondern auch von herausragender Bedeutung für das Weltklima ist. Nur rund die Hälfte der verdunsteten Wassermenge regnet auch wieder im Amazonasgebiet ab. Die andere Hälfte versorgt, bedingt durch die vorherrschenden Winde und die Anden-Barriere im Westen, einen Großteil des gesamten südamerikanischen Kontinents mit Regenwasser, was wiederum massiven Einfluss auf das Klima der gesamten Südhalbkugel hat. Teil dieses Kreislaufs ist auch der größte und nach neuesten Erkenntnissen längste Fluss der Erde: der Amazonas mit seinen über tausend Nebenflüssen, der sich auf einer Strecke von mehr als 6500 Kilometern von den Anden im Westen bis in den Atlantik im Osten quer durch den gesamten südamerikanischen Kontinent bewegt. Dieser Fluss leitet mehr Wasser pro Sekunde in den Atlantik als die Themse und der Rhein im ganzen Jahr zusammen.

Für viele Monate ist ein großer Teil des Amazonasbeckens ein gigantischer Wasserdschungel. Und für alle Lebewesen, ob Pflanze, Tier oder Mensch, gilt es, sich den durch den Kreislauf des Wassers geprägten Lebensbedingungen anzupassen. Wenn die Flüsse über ihre Ufer treten und der Wald meist mehrere Meter tief unter Wasser steht, dann bildet sich hier das größte Überschwemmungsgebiet der Erde.

Das ständig verfügbare Wasser ist auch einer der Gründe dafür, dass es im Amazonasregenwald eine so große Vielfalt an Lebensformen gibt wie nirgends sonst auf der Erde. Rund ein Drittel aller bekannten Tier- und Pflanzenarten lebt hier, und niemand kann auch nur erahnen, wie viele es wirklich sind. Der größte Teil gilt als noch lange nicht entdeckt. Wahrscheinlich existieren hier mehr

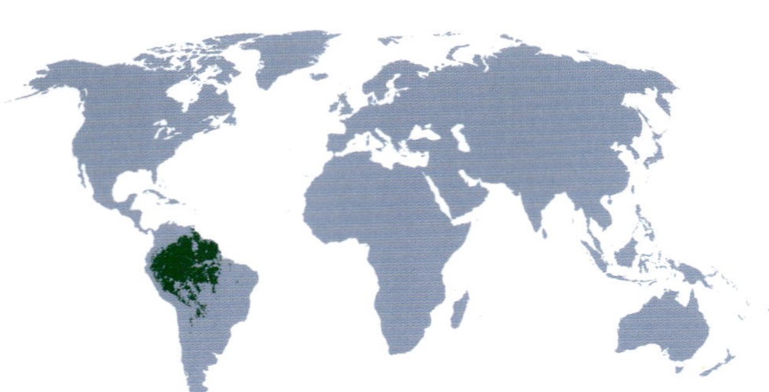

Insektenarten als irgendwo sonst, mit rund 3000 Fischarten mehr als im gesamten atlantischen Ozean und mit oft über 500 Baumarten auf einem einzigen Hektar Wald mehr Baumarten, als es in ganz Nordamerika oder Europa überhaupt gibt.

Und Bäume bestimmen natürlich auch hier das Bild des grünen Waldes: Laubbäume von riesigem Ausmaß wie der Paranussbaum, unzählige, Früchte tragende Palmarten wie die Acai, Maripa oder Buriti und viele Pflanzen, die im Kampf um das Licht oft auf anderen Bäumen wachsen, sie umranken oder regelrecht erdrosseln wie die Würgefeige. Die Verbreitung der Bäume erfolgt in den Regenwäldern des Amazonas oft ganz anders als in anderen Waldgebieten. Sind es dort meist Vögel, die die Baumsamen verteilen, so sind es am Amazonas oft Fische, die Früchte fressen und damit die Samen aufnehmen, sie an anderer Stelle wieder ausscheiden und somit für die lebenswichtige Verbreitung sorgen.

Viele der heute bekannten Pflanzen- und Tierarten kommen ursprünglich aus dem Amazonasgebiet. Einige gibt es auch nur mehr hier wie den Gummibaum, die Paranuss oder viele Ananasgewächse, den Jaguar, die Anakonda, das Faultier, den Ara, den Piranha oder den Amazonasdelfin. Manche dieser Bewohner sind vom Hauch des Geheimnisvollen umgeben. So etwa die mit den scharfkantigsten Zähnen des Tierreichs ausgestatteten Piranhas, die der Ruf von aggressiven, blutrünstigen Monsterfischen

begleitet, oder die Anakonda, die als die größte Schlange der Welt gilt. Von den rosa Flussdelfinen heißt es sogar, dass sie sich in Menschengestalt verwandeln können, um dann die schönsten Frauen in ihre Unterwasserwelt zu entführen. Eine eigenartige Faszination üben auch die Faultiere aus, die sich so langsam bewegen, dass Algen auf ihrem Fell wachsen.

Der Regenwald Amazoniens ist der größte noch intakte Regenwald der Erde und wohl das Sinnbild des tropischen Urwaldes schlechthin. Er erstreckt sich über eine Fläche von der Größe Europas. Mit rund zwei Dritteln befindet sich der größte Teil in Brasilien, aber auch acht weitere Länder haben Anteil an diesem tropischen Waldgebiet.

Früher gab es auch viele hundert Stämme menschlicher Ureinwohner im gesamten Amazonasgebiet, doch jetzt leben hier nur noch ein paar kleine Populationen mit wenigen zehntausend Menschen. Die Urbewohner traf das Schicksal so vieler eingeborener Waldvölker: Von der Zivilisation entdeckt, wurden sie oft ihrer Jagd- und Wohngebiete beraubt, als Sklaven missbraucht oder starben durch eingeschleppte Krankheiten wie etwa die Grippe, gegen die ihre Körper keine Abwehrstoffe besaßen. Es gibt heute nur noch wenige Stämme wie die Manoki, denen es gelungen ist, viele überlieferte Traditionen in ihre moderne Lebensweise zu übernehmen. Sollten sie es außerdem schaffen, ihr Territorium mit seinen Grenzen offiziell registrieren zu lassen, so könnten sie endlich wieder über dieses Gebiet verfügen und es wirksam schützen.

Eine Welt aus Wald und Wasser – das Amazonasbecken ist das grösste Überschwemmungsgebiet der Erde.

Die Menschen haben sich auf die Überschwemmungen eingestellt und bauen schwimmende Häuser oder Häuser auf Stelzen.

Die faszinierenden rosa Flussdelfine leben bis in den Oberlauf des Amazonas und in vielen Nebenflüssen.

Für die Pflanzen des Amazonas ist das Leben im Urwald ein ständiger Kampf ums Licht.

IM WALD MIT DER GRÖSSTEN ARTENVIELFALT DER ERDE.

Der »Pico da Neblina« ist mit fast 3000 Metern der höchste Berg Amazoniens und ganz Südamerikas ausserhalb der Andenkette.

ÜBER 60 PROZENT DER PFLANZENARTEN, DIE IM HOCHLAND ZWISCHEN BRASILIEN UND VENEZUELA WACHSEN, SIND ENDEMISCHE ARTEN, DAS HEISST, SIE LEBEN NUR HIER.

Jaguar, Flussdelfine, Tapir, Schildkröten und Kaiman – Es gibt keine Region auf der Erde, in der mehr Tierarten beheimatet sind als in Amazonien.

Das Volk der Enawené Nawé lebt im Bundesstaat Mato Grosso. Ihnen ist es glücklicherweise gelungen, ihre Traditionen bis heute zu erhalten.

ALLES, WAS DIESE MENSCHEN ZUM LEBEN BRAUCHEN, ERHALTEN SIE AUS DEN UMLIEGENDEN WÄLDERN. EIN LEBEN IM EINKLANG MIT DER NATUR.

WÄLDER IN GEFAHR

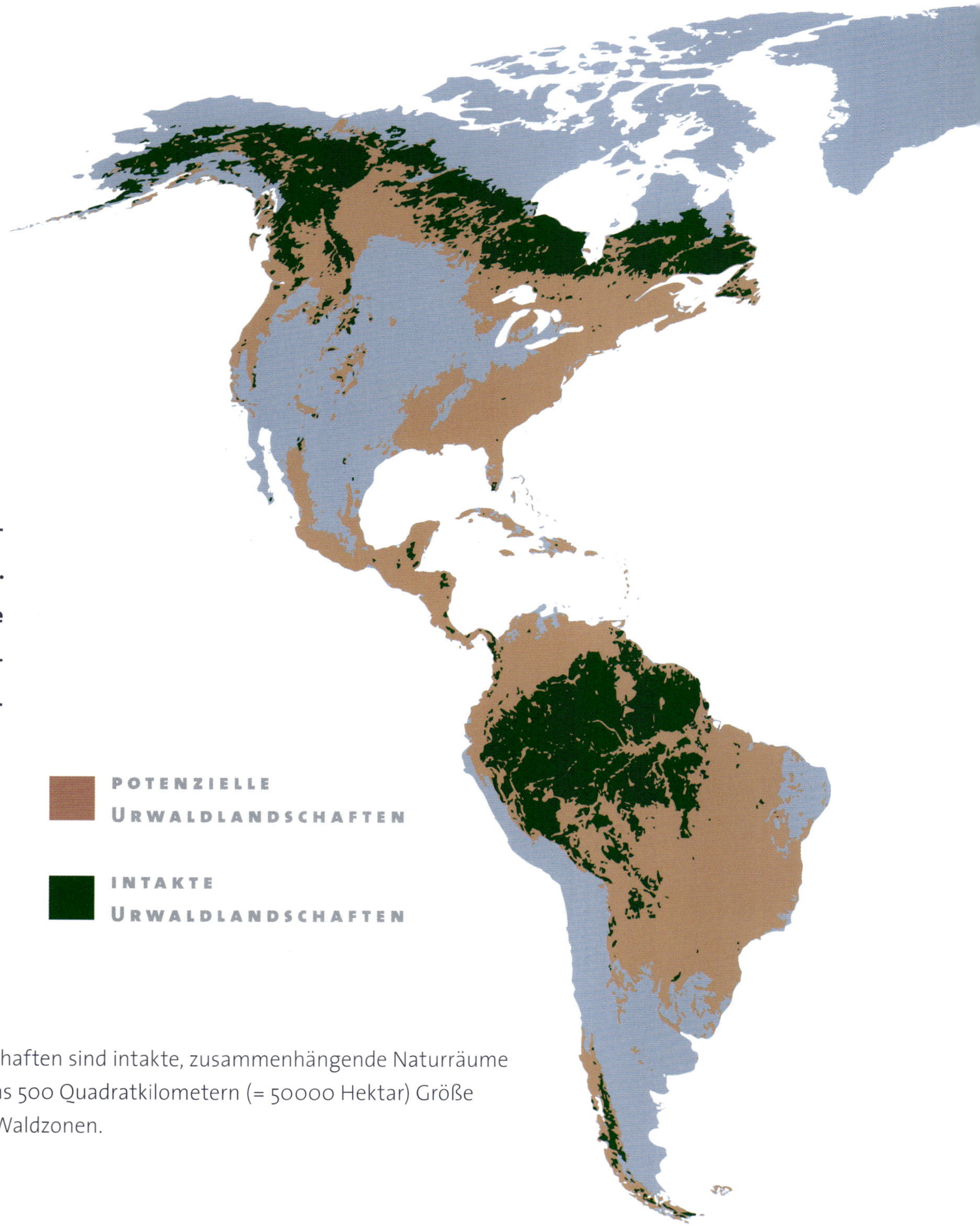

Diese Weltkarte – nach aufwendiger Satellitenauswertung entstanden – zeigt die verbliebenen Urwaldlandschaften* der Erde. Weltweit sind nur noch rund 20 Prozent der potenziellen Waldfläche mit solchen Urwäldern bedeckt. 88 Länder haben bereits all ihre Urwaldlandschaften zerstört, nur 66 Länder auf der Welt weisen überhaupt noch solche Waldgebiete auf.

*Urwaldlandschaften sind intakte, zusammenhängende Naturräume von mindestens 500 Quadratkilometern (= 50000 Hektar) Größe innerhalb der Waldzonen.

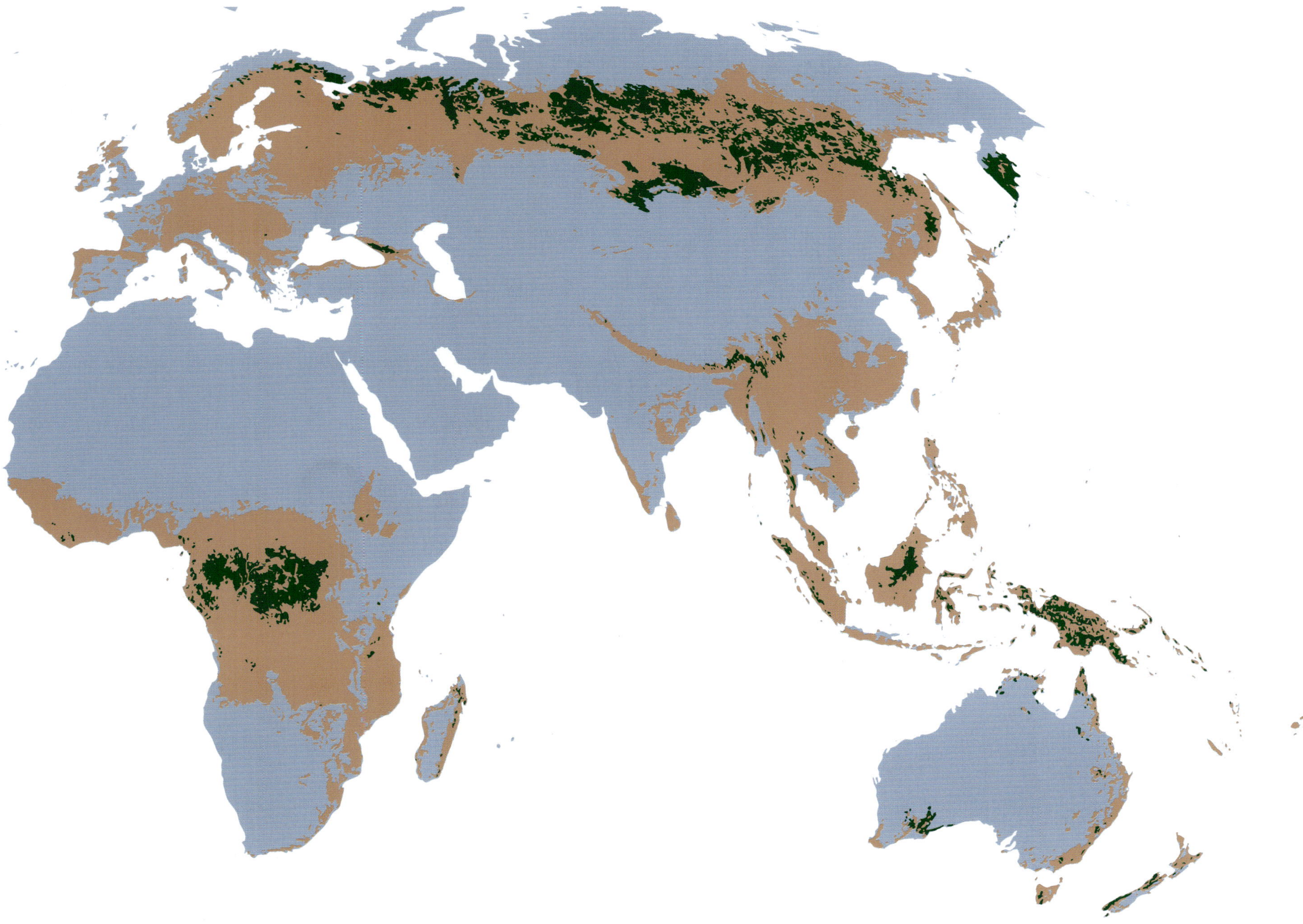

Wälder in Gefahr

Die letzten Urwälder der Erde sind die Schatzkammern unseres Planeten, Lebensraum für hunderttausende Tier- und Pflanzenarten, Heimat, Speisekammer und Apotheke für die in und von ihnen lebenden Naturvölker. Die Erhaltung der Urwälder ist von globaler Bedeutung – nicht zuletzt auch deshalb, weil sie eine entscheidende Rolle im Klimahaushalt der Erde spielen und damit im Kampf gegen den alles Leben bedrohenden Klimawandel.

Doch trotz dieser herausragenden Funktion sind es die Waldgebiete, die in einer atemberaubenden Geschwindigkeit von der Erde verschwinden. Eine ganz genaue und wissenschaftlich exakte Bilanz der weltweiten Urwaldzerstörung ist noch immer nicht erstellt worden – die dafür nötige Unterstützung der betroffenen Regierungen ist leider nicht immer gegeben. Wissenschaftler gehen aufgrund neuester Satellitenauswertungen aber davon aus, dass nur noch ein Fünftel der großen intakten Urwaldgebiete existiert, wie es die Karte auf den beiden vorangegangenen Seiten zeigt. Doch trotz dieser bedrohlichen Tatsache geht die Zerstörung auch der letzten verbliebenen Urwaldgebiete fast ungestoppt weiter. Tagein, tagaus, während Sie diese Zeilen lesen und nachdem Sie das Buch zugeklappt haben, verlieren wir alle zwei Sekunden Urwald in der Größe eines Fußballfeldes. Abgeholzt, verbrannt, zerstört für alle Zeiten.

Das Verschwinden der letzten natürlichen Waldgebiete ist eine der größten Katastrophen, die die Erde jemals erlebt hat. Denn in diesen Wäldern ist ein Großteil aller bekannten Tier- und Pflanzenarten unseres Planeten zu Hause, und mit der Vernichtung ihres Lebensraumes verschwinden auch diese Lebewesen von der Erde, und das für immer.

Es hat zwar im Laufe der Erdgeschichte schon mindestens fünf Phasen gegeben, in denen sehr viele Arten in einem kurzem Zeitraum ausstarben: Das erste große Sterben fand vor rund 400 Millionen Jahren statt, das letzte vor etwa 60 Millionen Jahren – damals starben auch die Saurier aus. Das derzeit stattfindende, durch den Menschen ausgelöste Artensterben ist jedoch das schlimmste aller Zeiten: Wissenschaftler gehen davon aus, dass hauptsächlich infolge der massiven Waldzerstörung in den nordischen und besonders den tropischen Wäldern täglich mindestens 50 Tier- und Pflanzenarten ausgelöscht werden – Tag für Tag. Das ergibt die erschreckende Bilanz von rund 20000 Arten pro Jahr. Oder anders ausgedrückt: Innerhalb von weniger als einer Generation – rund 30 Jahren – wird der Mensch dafür gesorgt haben, dass die Hälfte aller bekannten Tier- und Pflanzenarten unwiderruflich und für immer verschwunden sein wird.

Zieht man den Zeitraum für die Entstehung neuer Arten in Betracht, bräuchte die Erde rund 35 Millionen Jahre, um sich von den Zerstörungen der vor uns liegenden 30 Jahre zu erholen. Das Ausmaß der Zerstörung und das damit verbundene Artensterben kann sich jedoch noch um ein Vielfaches verstärken, wenn wir die Folgen des zurzeit stattfindenden Klimawandels mit einberechnen. Und es scheint, dass wir das in naher Zukunft auch müssen.

Doch welche treibende Kraft steckt hinter dieser Zerstörung? Je nach Region sind es unterschiedliche Faktoren. Während die Urwälder vor einigen Jahrhunderten vor allem dem starken Siedlungsdruck in Europa, Nordamerika und Asien weichen mussten, fallen sie heute zunehmend der forst- und landwirtschaftlichen Nutzung zum Opfer. In den nordischen Regionen – Russland, Kanada, Alaska und Skandinavien – sind vor allem die Holz- und Papierindustrie auf der Suche nach immer mehr und billigeren Rohstoffen für die Geschwindigkeit und das Ausmaß der Vernichtung von Wäldern verantwortlich. In den Tropen ist es eine Kombination verschiedener Ursachen. Im Amazonasgebiet war noch bis vor wenigen Jahren nur die Suche nach Edelhölzern der Hauptgrund für die Waldzerstörung. Doch inzwischen ist ein weiterer, oft noch bedeutenderer Faktor hinzugekommen: der Hunger Europas und Asiens nach billigem Fleisch. Riesige Flächen der tropischen Wälder Amazoniens fallen Jahr für Jahr Viehweiden und Soja-Äckern zur Futtermittelproduktion zum Opfer. Es steht zu befürchten, dass die nächste

Welle der Zerstörung durch den Anbau von Agro-Kraftstoffen (oft harmlos klingend als Bio-Kraftstoff bezeichnet) eingeläutet wird. In Südostasien ist die Entwicklung ähnlich: Während zunächst die Holzindustrie die Wälder auf der Suche nach edlen Hölzern für den Export plünderte, ist heute die Palmölindustrie für die großflächige Zerstörung unberührter Urwaldgebiete verantwortlich. Riesige Palmölplantagen versorgen die Märkte der reichen Länder mit Zusatzstoffen für die Lebensmittel- und Kosmetikindustrie und liefern Öl zur Stromerzeugung.

Mittlerweile zeichnet sich ab, dass auch die afrikanischen Urwälder ein ähnliches Schicksal erwartet. Der Löwenanteil der Zerstörung geht vor allem auf das Konto der Holzindustrie: Die tropischen Wälder Afrikas werden in erschreckender Geschwindigkeit in Fenster, Parkett oder billige Gartenmöbel verwandelt. Auch hier könnte die Landwirtschaft in absehbarer Zukunft der Hauptgrund für die Urwaldzerstörung werden.

Der Hunger der reichen Industrieländer nach immer billigeren Nahrungsmitteln und die fortschreitende Mechanisierung der Abholzung durch Bulldozer führen vor allem in Südamerika und Südostasien zur rasanten Umwandlung unberührter Urwaldgebiete in riesige Monokulturen. Der starke Einsatz von Chemikalien und Pestiziden vergiftet die dünne Humusschicht, auf der vormals Tausende von Pflanzenarten einen natürlichen Lebensraum fanden. Innerhalb weniger Jahre sind die Böden dann aber trotz des Einsatzes von Dünger ausgelaugt.

Ein riesiger illegaler Kahlschlag im Urwald. In den letzten Jahren wurde am Amazonas jährlich im Schnitt Wald von der Grösse Hessens vernichtet.

WIR ESSEN DEN AMAZONAS AUF. SOJAFELDER STATT URWÄLDER. SOJA WIRD ALS BILLIGES TIERFUTTER FÜR DIE MASSENTIERHALTUNG IN EUROPA VERWENDET.

Meist folgt die großflächige Zerstörung dem gleichen Ablauf: Erst wird eine zentrale Straße in den Urwald geschlagen. Sie bildet den Anfang der »Erschließung«, indem sie ein intaktes Gebiet dem menschlichen Zugriff öffnet. Dieser Straße folgen dann illegale, meist kleinere Nebenstraßen, auf denen Wilderer und Siedler in die vormals unberührten Urwaldgebiete eindringen. Die meisten Regierungen sehen der Zerstörung leider untätig zu. Ihnen fehlen oft auch die Mittel zur Überwachung der abgelegenen Gebiete – oder sie verschließen einfach die Augen, weil großzügige Bestechungsgelder ihr normales Salär vervielfachen. Über all dem steht darüber hinaus das kurzfristige Profitdenken, das wenigen in kurzer Zeit großen Reichtum beschert – in Vorstandsetagen großer Unternehmen wie auch in Regierungskreisen. Denn meist ist es nur eine Handvoll Konzerne pro Land, die in kürzester Zeit Millionen und Abermillionen verdienen. Der Großteil der Bevölkerung hingegen leidet – in doppelter Hinsicht: Weder werden die Versprechen von mehr Arbeitsplätzen und besseren Verdienstmöglichkeiten bei der Rodung der Urwälder eingehalten, noch bietet die »Zeit nach der Zerstörung« eine Perspektive für die Menschen vor Ort. Die zerstörten Wälder bieten nämlich weder Schutz noch Nahrung noch Medizin – die Armut der Menschen ist somit größer als jemals zuvor. Neben all diesen Erscheinungen lauert eine noch weit größere Gefahr, die einen wesentlich gefährlicheren Mechanismus in Kraft setzen kann: der Klimawandel.

Nach den neuesten Berechnungen der Klimaforscher könnte der Klimawandel so schnell voranschreiten, dass besonders die Waldgebiete diesen Temperaturanstieg nicht verkraften könnten. Für die meisten Wälder der Erde würden schon wenige Grade plus das Aus bedeuten. So würde sich zum Beispiel der gesamte Amazonaswald in eine Steppe verwandeln, wenn die zu seiner Erhaltung nötige Regenmenge nicht mehr fällt. Die borealen Waldgebiete würden von den ansteigenden Temperaturen immer weiter nach Norden gedrängt werden oder sogar ganz verschwinden.

Gelingt es uns nicht, den Ausstoß von Treibhausgasen wie Kohlendioxid und Methan aus Industrie – allen voran der Stromerzeugung –, Landwirtschaft, Auto- und Flugverkehr und den weltweit immer weiter zunehmenden Waldbränden drastisch zu drosseln, befürchten Wissenschaftler eine fatale Kettenreaktion. Durch die Vernichtung der Waldgebiete verschwindet nicht nur der Lebensraum vieler Tiere und Pflanzen, es werden auch gigantische Mengen an Treibhausgasen freigesetzt, die vormals in den Pflanzen und Böden gespeichert waren. Dies treibt wiederum den Klimawandel voran. Und die Kettenreaktion geht noch weiter: Durch die Zerstörung der Wälder würde der natürliche Wasserkreislauf in vielen Gebieten unterbrochen werden oder völlig zusammenbrechen. Ein dramatischer Wassermangel wäre die Folge, der nicht nur zu katastrophalen Ausfällen in der Landwirtschaft, sondern auch zu einem Mangel an Trinkwasser führen könnte.

Beispiel Amazonas: Die aus dem amazonischen Regenwald verdunstenden Wassermengen sorgen aufgrund der geografischen Gegebenheiten in Südamerika für eine zuverlässige Regenmenge auch in den südlichen Teilen Brasiliens. Würde der Amazonas tatsächlich versteppen, so würde die Regenwasserversorgung abbrechen, was unter anderem das Austrocknen der größten landwirtschaftlichen Produktionsflächen der Erde zur Folge hätte. Im Norden wären die Auswirkungen des Klimawandels ebenso drastisch, da auch die nordischen Waldgebiete gigantische Kohlenstoffspeicher sind.

Eine bedrohliche Entwicklung, die weiter voranschreitet, obwohl Lösungskonzepte schon längst auf dem Tisch liegen: Auf internationaler Regierungsebene müssen verbindliche Schutzabkommen getroffen werden, die von einem ausreichenden Finanzierungsmechanismus begleitet sind. Dies bedeutet, dass die meist ärmeren, aber waldreichen Staaten von den reichen Ländern in einer Entwicklung unterstützt werden müssen, die nicht die Zerstörung und völlige Ausbeutung der Ressourcen ihrer Wälder beinhaltet.

Selbst weltwirtschaftlich gesehen ist die Abholzung der Wälder völlig absurd: Ökonomen der Weltbank haben errechnet, dass ein Land für einen Hektar Tropenwald durchschnittlich nur ein bis zwei Dollar von den Holz- oder Landwirtschaftskonzernen bekommt. Die reichen Länder jedoch zahlen einige tausend Dollar, um die Menge von Treibhausgasen zu neutralisieren, die in jedem Hektar Tropenwald

gespeichert sind. Es ist also global betrachtet vielfach ökonomischer, die noch erhaltenen Waldgebiete sofort unter Schutz zu stellen, um damit zumindest den Zuwachs von Treibhausgasen aus der Waldzerstörung zu stoppen. Schon heute liegt der Anteil an den weltweit ausgestoßenen Treibhausgasen aus der Waldzerstörung und Waldbränden zwischen 20 und 25 Prozent. Damit ist die Waldzerstörung neben der Stromproduktion durch fossile Brennstoffe weltweit die zweitgrößte Quelle klimaschädlicher Gase. Das »Zeitalter der Verbrennung« sollte endlich beendet sein – Schluss mit der Verbrennung von Kohle, Öl und Gas und Schluss mit der Verbrennung der Wälder!

Auch jeder Einzelne kann einen wichtigen Beitrag zum Umweltschutz leisten: Die Nutzung von Recycling-Papieren, der Kauf von FSC (Forest Stewardship Council)-zertifizierten Holzprodukten, ein maßvoller Fleischkonsum – idealerweise biologischer Herkunft – oder der Verzicht auf Bio-Diesel aus Urwaldgebieten sind wichtige und wirksame Schritte.

Es ist unsere Pflicht, die bestehenden Waldgebiete zu schützen, um all die einmaligen Lebewesen wie die Geisterbären Kanadas, die Flussdelfine Amazoniens, die Paradiesvögel Papuas oder die Gorillas des Kongobeckens zu bewahren. Wir müssen die Wälder auch um derentwillen erhalten, die in und von ihnen leben, ohne sie zu zerstören. Und wir müssen die Urwälder der Erde nicht zuletzt auch deshalb schützen, weil sie das Erbe der nachfolgenden Generationen sind: Sterben die Wälder, so stirbt auch das Leben auf diesem Planeten.

Afrikas Baumriesen zu fällen, verspricht Millionengewinne für Holzkonzerne – und Armut und Elend für die Tiere und Menschen vor Ort.

DIE GROSSE WALDZERSTÖRUNG MACHT AUCH VOR DEM REICHEN NORDEN NICHT HALT. UNVORSTELLBARER KAHLSCHLAG SELBST JAHRHUNDERTERALTER BÄUME IN KANADA.

Irrsinn in Vollendung. Weil die Nachfrage nach Bio-Diesel steigt, ersetzen auf Borneo Palmölplantagen die letzten Tropenwälder.

Gedanken

Für mich, Thomas, sind Wälder seit meiner Kindheit immer von besonderer Bedeutung gewesen. Ob als Spielplatz, als Versteck, um Schätze und Geheimnisse zu suchen, ob als Ort für den ersten gemeinsamen Spaziergang mit der Freundin oder einfach nur als idealer Platz zum Träumen in der aufregenden Zeit der Pubertät – aber auch oft danach. Nachts durch den Wald zu gehen, war eine echte Herausforderung und kostete meinen ganzen Mut, genau wie auf die größten Bäume zu klettern oder aus großer Höhe von ihnen wieder herunterzuspringen.

Und das alles fand in einem Waldstück in der Nähe unseres kleinen Reihenhauses am Rande des Dorfes in Schleswig-Holstein, in dem ich aufwuchs, statt. Dort kannte ich sprichwörtlich jeden Baum und vermisste auch jeden, der durch Sturm oder einen Waldarbeiter zu Fall gebracht worden war. Auch wenn ich schon lange nicht mehr in der Nähe des Waldes meiner Kindheit lebe, so ist er doch immer noch ein Ort, an den ich gerne zurückkehre, um meine alten beblätterten Bekannten, aber auch meine eigenen Erinnerungen zu besuchen.

Das Wunder Urwald lernte ich auf meinen ersten Reisen nach Lappland, Kanada und Südostasien kennen. Einen intakten Urwald in all seiner Größe und Wildnis zu erleben, war für mich äußerst eindrucksvoll und noch viel gewaltiger, als ich es mir vorgestellt hatte.

Als ich mit Anfang dreißig für ein Jahr in den größten Tropenwald der Erde im Amazonasgebiet zog, um dort das Leben der Flussdelfine zu studieren, wurde mir bewusst, wie wichtig der Erhalt dieser einmaligen Gebiete für das Überleben auf unserer Erde ist. Und mir wurde klar, dass ich meinen Beitrag dazu leisten musste, nicht zuletzt, damit die nächste Generation und somit auch meine Kinder dies selbst alles noch erleben können.

Bei Greenpeace wurde der Einsatz für die Erhaltung der Urwälder zu einem meiner Schwerpunkte und ist es bis heute geblieben. Er führte mich nicht nur in die faszinierende Welt vieler der im Buch gezeigten Waldgebiete, sondern auch zu zahlreichen Menschen, die sich – auf welche Art und Weise auch immer – mit den Wäldern beschäftigen. Dabei lernte ich unglaubliche Menschen kennen – unglaublich beeindruckende und unglaublich ignorante.

Ich begegnete Menschen, die die Wälder gnadenlos abholzen oder abbrennen, um einen kleinen Profit zu erzielen, und dies im vollen Bewusstsein tun, dass sie damit millionenfaches Leben vernichten, das genau wie der Wald nie wieder neu entstehen wird. Passiven und ignoranten Politikern, die wenig mehr als Ausreden produzieren und damit die Krise noch weiter vorantreiben. Und leider auch vielen nicht oder schlecht informierten, oftmals aber auch gleichgültigen Verbrauchern.

Ich habe es immer als besondere Herausforderung empfunden, den Menschen deutlich zu machen, dass sie mit ihrem eigenen Kaufverhalten über Gedeih und Verderben der letzten Urwälder dieser Erde mitbestimmen: Das billig erstandene Fleisch aus dem Supermarkt stammt allzu oft von Tieren, die nicht nur in der Massentierhaltung ein erbärmliches Leben führten, sondern die meist auch mit Soja aus dem Amazonasgebiet gefüttert wurden. Für deren Produktion müssen Millionen Hektar amazonischen Urwalds in sterile Sojaplantagen umgewandelt werden. Auch viele andere Alltagsgüter sind mit Urwaldzerstörung verbunden: jede Menge Zeitschriftenpapier etwa, das blütenweiße, aus kanadischen Urwaldbäumen gefertigte Frischfaser-Toilettenpapier oder Gartenmöbel und Fenster aus den Teakwäldern Asiens. Dabei habe ich aber noch nie jemanden getroffen, der darauf stolz gewesen wäre oder sogar danach verlangt hätte, dass seine Zeitschrift tausend Jahre altes Zedernholz beinhaltet oder das gerade gekaufte Mahagonifenster aus zerstörtem Amazonasurwald stammt.

Im Laufe der Zeit bin ich aber immer wieder auf Menschen gestoßen, die sich mit voller Kraft für den Erhalt der Wälder einsetzen. Sie waren und sind für mich nicht nur Vorbild und Hoffnung, sondern auch Ansporn, weiterzumachen und den Glauben an ein »gutes Ende« nicht zu verlieren. Viele dieser Menschen waren oder sind Kollegen bei Greenpeace oder anderen Umweltschutzor-

ganisationen, aber auch aufgeschlossene Förster oder sogar Manager großer Konzerne, die den Wandel zum Besseren aktiv vorantreiben wollen. Bewegend waren insbesondere die Begegnungen mit Mitgliedern indigener Volksstämme, die zu den Wäldern, in denen und von denen sie leben, eine außerordentlich starke Beziehung haben. Natürlich gab es auch Erfolge, die mich und uns alle für unseren Einsatz entschädigten. Zum Beispiel, wenn ein Gebiet, für das wir uns eingesetzt hatten, schließlich unter Schutz gestellt wurde und damit nicht mehr abgeholzt und zerstört werden konnte.

Die Reise mit jungen Menschen aus sieben Ländern zu den Nuxalk-Indianern nach Britisch-Kolumbien gehört zu meinen emotionalsten Erlebnissen. Um die Indianer im Kampf um ihre heiligen Wälder zu unterstützen und sie der Solidarität junger Menschen aus aller Welt zu versichern, brachten die Jugendlichen Hunderte selbst bemalte Banner mit und hängten sie am Rand eines riesigen Kahlschlags auf. Der Appell an die Provinzregierung, die Wälder der Nuxalk und der Bären nicht weiter zu zerstören, verhallte nicht ungehört. Acht Jahre danach – 2006 – wurden die noch intakten Gebiete des Great-Bear-Regenwaldes endlich unter Schutz gestellt. Viele der schönsten Urwaldtäler bleiben damit von den Kettensägen verschont. Die Aktion der Kinder war ein Baustein dieses Erfolges.

Ihr Thomas Henningsen

Gedanken

Nach meiner Kontaktaufnahme mit den Kampagnen-Gestaltern von GREENPEACE bin ich, Markus, mit viel Enthusiasmus, Tatendrang und voll bepacktem Rucksack in die Welt gereist, um sie dabei auch ganz neu zu begreifen. Jede Reise war wie ein kleines Mosaiksteinchen, das sich mit den vielen anderen im Laufe der Zeit zu einem großen Bild zusammensetzte. Jeder Kontinent schenkte mir unvergessliche Augenblicke, und ich genoss das Privileg, einige der schönsten Naturlandschaften unserer Erde bewundern zu können.

Was für ein Anblick, als ich nach zehntägiger Durchquerung des afrikanischen Tropenwaldes als einer der ersten Menschen überhaupt auf einem der Inselberge im Norden Gabuns stand und um mich herum bis an alle Horizonte unberührte Natur erblickte. In Patagonien sah ich über den temperierten Regenwäldern die Anden aufragen, deren Gipfel in Eis gehüllt einen wunderbaren Kontrast zum satten Grün der Bäume bilden. Ich erlebte, wie am Abend bis zu drei Millionen Fledermäuse aus den Höhlen des Mulu-Gebirges in Borneo aufstiegen, um in den umliegenden Wäldern auf Insektenjagd zu gehen. Im russischen Fernost bin ich tagelang durch endlose Eichenwälder gestreift, die frischen Spuren der größten Raubkatze der Welt, des Amurtigers, immer wieder vor Augen. Die herbstliche Farbenpracht der borealen Mischwälder im sibirischen Tuva im Kontrast zu den kargen endlosen Savannenlandschaften hat in mir den tiefen Wunsch hinterlassen, auf jeden Fall einmal in diesen Teil unserer Erde zurückzukehren. In Lappland traf ich das Volk der Sami, die mir erklärten, wie wichtig intakte Urwälder für ihre traditionelle Rentierzucht sind. Die Schönheit von Kanadas Great Bear Rainforest ist mit Worten nur unzureichend zu beschreiben. In Amazonien war ich zu Gast bei den Enawené-Nawé-Indianern. Ich hatte die Ehre, als einer der wenigen Weißen einem ihrer Rituale beiwohnen zu dürfen. Der Weg durch den Regenwald hinauf auf den höchsten Berg Brasiliens führte mich durch alle Vegetationszonen dieses größten Tropenwaldes der Erde – eine Vielfalt, der man nur schwer mit Bildern und Worten gerecht werden kann. In den Paradieswäldern auf Papua-Neuguinea bin ich mit einer ganzen Dorfgemeinschaft auf einen komplett mit Wald bewachsenen alten Vulkan marschiert, um ihn für die Menschen als Erstbesteiger offiziell in Besitz zu nehmen. Überhaupt waren es immer wieder die Begegnungen mit den in den Wäldern lebenden Völkern und ihrer Gastfreundschaft, die mich tief im Herzen berührt haben.

Doch egal, in welche abgelegene Ecke ich mich auch begab, Probleme waren auch dort zu spüren und zu sehen. Es gab keine Region, die nicht durch menschliche Interessen Gefahr läuft, für immer verändert oder gar vernichtet zu werden – und das mit unüberschaubaren Folgen. Ich habe in dieser Zeit viel über Zusammenhänge gelernt. Mir ist klar geworden, dass besonders wir Menschen in den reichen Ländern ganz schnell begreifen müssen, dass soziale Missstände und Umweltprobleme in anderen Ländern mehr mit unserem Lebensstil zu tun haben, als uns vielleicht lieb ist. Wir müssen beginnen, uns Fragen zu stellen, und auf unbequeme Antworten gefasst sein. Unser Wohlstand nährt sich nach wie vor (vielleicht auch mehr denn je) vom Elend anderer. In einer globalisierten Welt ist nur noch ganz wenig wirklich lokal. Der größte Anteil bis heute erhaltener Natur befindet sich in den ärmeren Ländern unserer Erde. Korrupte oder überforderte Regierungen unter dem Einfluss global agierender Konzerne, deren Geschäftspraktiken durch unseren meist sorglosen Konsum erst ermöglicht werden, sehe ich als die größte Gefahr für unsere Ökosysteme. Das Elend der Menschen vor Ort ignorierend, werden besonders in den Tropenwäldern riesige Landstriche vernichtet, um möglichst schnell maximalen Profit einzufahren.

Ich habe inzwischen des Öfteren an Greenpeace-Aktionen teilgenommen. Ich habe gesehen und am eigenen Leib zu spüren bekommen, wie Aktivisten verhaftet, als Terroristen beschimpft, mit Tränengas verletzt und mit Feuerwerkskörpern beschossen wurden. Trotzdem und gerade deshalb bin ich sehr froh, innerhalb dieser Gemeinschaft meine ideologische Heimat gefunden zu haben.

Unabhängig von jeglicher Form des Lobbyismus, gewaltfrei und vor allem kreativ kann ich mit meinen Fähigkeiten auf Umweltprobleme und Menschenrechtsverletzungen hinweisen und mithelfen, Lösungen durchzusetzen.

Als ich das Projekt begann, wusste ich nicht, wie nah ich mich am vielleicht schwerwiegendsten Problem befinde, mit dem die Menschheit heute konfrontiert ist, nämlich dem Klimawandel. Dank des UN-Berichtes zum Einfluss des Menschen auf unser Weltklima ist das Thema nun endlich in den Blickpunkt der Medien gerückt und beginnt sich im Bewusstsein der Gesellschaft zu verankern. Allein wenn wir endlich aufhören, unsere Tropenwälder zu verbrennen, reduzieren wir den Ausstoß von klimafeindlichen Gasen um 20 Prozent. Für viele Menschen ist Umweltschutz nach wie vor mit Entbehrung und Einschränkung verbunden. Ich bin überzeugt, dass genau das Gegenteil der Fall ist. Gelingt es uns, den Klimawandel durch sparsameren Umgang mit Ressourcen und neue innovative Technik in den Griff zu bekommen, erhalten wir nicht nur die Vielfalt auf der Erde, sondern haben auch die Möglichkeit, endlich Wohlstand und ein Leben in Würde für alle zu schaffen. Eine Vision, die wir mit aller Kraft umsetzen sollten.

Vielleicht kann dieses Buch eine Motivation für Ihren persönlichen Aufbruch in eine umweltverträglichere Zukunft sein.

Ihr Markus Mauthe

Die Waldkampagne von Greenpeace

Aufbauend auf die Papier- und Tropenholzarbeit startete Greenpeace Anfang der neunziger Jahre die internationale Waldkampagne. Daraus entstand der Schwerpunkt der »Fantastischen Sieben« zum Schutz der letzten verbliebenen intakten Urwaldregionen. Ziel dieser Kampagne ist der Erhalt der Urwälder durch ein globales Netzwerk von Schutzgebieten sowie die ökologisch und sozial verträgliche Nutzung anderer Waldgebiete.

Um die Zerstörung der letzten Urwälder aufzuhalten, sind auch die Greenpeace-Schiffe weltweit im Einsatz. Das Überleben der großen Urwaldgebiete ist aufgrund der immensen Bedeutung für den Klimahaushalt letztlich zur Frage des Überlebens für alle Lebewesen geworden. Nur der sofortige Verzicht auf weitere Entwaldung und Brandrodung kann noch entscheidend zur Eingrenzung des alles bedrohenden Klimawandels beitragen.

Weitere Informationen zur Greenpeace-Waldarbeit finden Sie unter:
www.greenpeace.de/themen/waelder

Im Juli 2006 erkämpft Greenpeace ein Moratorium zur Rettung des Amazonas-Regenwaldes: Große Konzerne aus der Lebensmittel- und Fastfoodindustrie sowie die weltweit führenden Soja-Händler sagen zu, keine brasilianische Soja mehr zu beziehen, für die neue Flächen Regenwald gerodet wurde. Um diese Atempause für den Wald zu erwirken, machen Greenpeacer in zum Teil gefährlichen Aktionen illegale Brandrodungen publik, wie auf einem Feld bei Santarem in Brasilien.

In Indonesien und Papua-Neuguinea existiert nur noch ein Drittel der einstigen Urwälder. Und selbst diese werden weiter systematisch geplündert. Scheinzertifikate verschleiern beim Handel häufig die Herkunft illegal geschlagener Stämme. Mit Aktionen gegen die Transportschiffe fordert Greenpeace 2002 die Regierung von Papua- Neuguinea auf, den Export von illegalem Urwaldholz zu unterbinden.

Die einst ununterbrochenen afrikanischen Regenwälder sind heute zersplittert oder nur noch in Teilen vorhanden. Größte Bedrohung ist der industrielle Holzeinschlag: Forstbetriebe breiten sich in den letzten intakten Urwäldern weiter aus. Greenpeace-Aktivisten in Deutschland kennzeichnen die importierten afrikanischen Urwaldriesen und verwandeln Lager der Holzhändler so in Urwaldfriedhöfe.

Im Februar 2006 stellt die Regierung der kanadischen Provinz British Columbia 1,8 Millionen Hektar des Great Bear Rainforest unter Schutz. Kinder und Jugendliche aus sieben Ländern unterstützen 1998 den Kampf des Nuxalk-Stammes mit Hunderten von Kindern aus aller Welt bemalten Bannern. Durch ihren Protest tragen die indigene Bevölkerung und die Greenpeace-Jugend zu diesem Erfolg bei.

Zwischen 1995 und 1998 werden auf maßgebliche Bemühungen von Greenpeace 110000 Quadratkilometer Urwald in Russland von der UNESCO zum Weltnaturerbe erklärt. 2006 stellt die russische Regierung den Kalevalski-Urwald an der russisch-finnischen Grenze unter dauerhaften Schutz. Mit zahlreichen Aktionen gegen den Transport oft sogar illegal geschlagenen Holzes nach Finnland hat Greenpeace diesen Erfolg erreicht.

Finnlands Urwälder sind bis auf die letzten fünf Prozent abgeholzt oder zu Sekundärwald umgewandelt. Trotzdem schlägt das staatliche Forstunternehmen Metsähallitus weiter ein. Dieses Holz wandert fast ausschließlich in die Papierherstellung, wichtiger Kunde ist Deutschland. Auch hier beweist Greenpeace langen Atem und protestiert unnachgiebig gegen diesen Handel mit dem Raubbau der letzten europäischen Urwälder.

Dankeschön

Vielen Menschen gilt unser Dank, denn sie waren die heimlichen Helfer und haben das Entstehen des Buches eigentlich erst möglich gemacht – durch Hilfe bei der Planung oder Durchführung der Expeditionen, bei der Hilfe der Bildauswahl und der Durchsicht der Texte oder auch, weil sie in wichtigen Momenten einfach nur da waren.

Kai Arend, Hardi & Yu-Yun Baktiantoro, Alexander Berko & Familie, Conny Böttger, Alice Boit, Vernon Brown, Ivar Burato, Bustar, Amanda Carr, Vladimir Chebanov, Christine Denk, Pauwel Dewachter, Rudi Diemer, Ralf Dunker, Ofir Drori, Gavin Edwards, Andrea Gieseke, Stephanie Goodwin, Greenpeace Brasilien, - Chile, - Kanada, - Russland und - Südostasien, Gustavo, Habsoro, Larry Jorgensen, Martin Kaiser, Katrin Knickmeier, Vera Konyukhova, Eini Kosonen, Eduard Kruglov, Thomas Kunz, Sergio Lobato, Marco Lima, Queenly Lee, Mabi, Birgit Mangold, das Volk der Manoki, Cristian Manulesco, Karen & Ian McAllister, Ingrid & Friedemann Mauthe, Joseph Melloh, Albert Mballa, das Volk der Enawené Nawé, Douglas Neasloss, Eunice Neba, Elvira Nikolenko, Michelle Nelson, Anja Oeck, Allison Page, Mikhail Paltsyn, Valdir Pereira da Silva, Peter Potapov, Gabriel Praun, Jarmo Pyykkö & Familie, Inga Rohlmann, Eji Romadnon, Oliver Salge, Karlheinz Schindlatz, Verena Simon, Denis Smirnov, Rolf Späth, Rainer Tegtmeyer, Christoph Thies, Henry Tindipe, Dorothy Tekwie, Andrea Turkalo, Vladimira Tejnská, Filip Verbelen, Denise Völker, Stephanie Weigel, Harald Zindler.

Dank gilt auch allen, die sich für den Erhalt dieser Wälder einsetzen, oft mit ganzem Herzen und ohne Rücksicht auf mögliche Gefahren: den wahren Helden der Wälder.

IMPRESSUM

Wir widmen dieses Buch der zukünftigen Generation, allen Kindern auf dieser Erde und damit auch unseren Söhnen Lukas, Kester, Bosse & Leo.

Thomas & Markus

Produktmanagement:	Susanne Caesar
Textlektorat:	Caroline Kazianka
Gestaltung und Layout:	Rolf Späth, Zündstoff, Bodnegg, www.z-stoff.de
Repro:	Repro Ludwig, Zell am See
Umschlaggestaltung:	Rolf Späth, Bodnegg
Kartografie:	Greenpeace, Rolf Späth
Herstellung:	Bettina Schippel
Printed in Italy by	Printer Trento

FSC
Mixed Sources
Sources Mixtes
Product group from well-managed forests and recycled wood or fiber
Groupe de produits issu de forêts bien gérées et de bois ou fibres recyclés
Cert no. CQ-COC-000012
www.fsc.org
© 1996 Forest Stewardship Council

Alle Angaben dieses Werkes wurden vom Autor sorgfältig recherchiert und auf den aktuellen Stand gebracht sowie vom Verlag geprüft. Für die Richtigkeit der Angaben kann jedoch keine Haftung übernommen werden. Für Hinweise und Anregungen sind wir jederzeit dankbar. Bitte richten Sie diese an: Bucher Verlag, Produktmanagement, Postfach 800240, 81602 München, E-Mail: lektorat@bucher-verlag.de

Bildnachweis:

Alle Abbildungen des Umschlags stammen von © Markus Mauthe/Greenpeace

Alle Abbildungen des Innenteils stammen von © Markus Mauthe/Greenpeace mit Ausnahme von:

© Rüdiger Nehberg S. 6 · © Antti Leinonen S. 54/55 (Wolf, Bär, Vielfraß & Kauz) · © Vernon Brown S. 142 · © Russel Monk S. 163
© Daniel Beltra S. 194, S. 195 (Feuer) · © Thomas Henningsen S. 143 (Wale), S. 158, S. 169, S. 182 (Flußdelfine), S. 200 (3 x Kahlschlag)
© André Bärtschi S. 182 (Schildkröten, Tapir, Kaiman), S. 183 (Jaguar)
S. 206: © Daniel Beltra (GP Schiff, Amazonas), Ivan Hunter (Kanada), Fred Dott (Friedhof), Kate Davison (Indonesien), Vadim Kantor (Russland), Patrik Rastenberger (Finnland)

Tierbilder:

Die Fotos der Gorillas, Orang Utans, des Tigers, des Luxes, der Rentiere und des Baumfrosches wurden in einem halbwilden Umfeld aufgenommen; alle anderen Motive zeigen die Tiere in ihrem natürlichen Lebensraum.

Textnachweis:

Alle Texte stammen von Dr. Thomas Henningsen und Markus Mauthe mit Ausnahme von:

S. 6 - 8 Rüdiger Nehberg, S.48 - 49 Pauliina Feodoroff, Übersetzung aus dem Finnischen: Angela Plöger, S.70 -71 Samuel Nguiffo, Übersetzung aus dem Französischen: Gabriele Otto, S.151 Qwantsinas

Die Deutsche Nationalbibliothek – CIP Einheitsaufnahme:
Ein Titeldatensatz für diese Publikation ist bei
Der Deutschen Nationalbibliothek erhältlich.

ISBN 978-3-7658-1668-0